종교개혁자들과의 대화 Vol. 3
종교개혁의 역사

종교개혁자들과의 대화 Vol. 3
종교개혁과 역사

초판 1쇄 인쇄 2016년 12월 23일
초판 3쇄 발행 2020년 11월 5일

지은이 이상규
펴낸이 유동휘
펴낸곳 SFC출판부
등록 제104-95-65000
주소 (06593) 서울특별시 서초구 고무래로 10-5 2층 SFC출판부
Tel (02)596-8493
Fax 0505-300-5437
홈페이지 www.sfcbooks.com
이메일 sfcbooks@sfcbooks.com
기획·편집 편집부
디자인편집 이새봄 최건호
ISBN 979-11-87942-01-6 (04230)
값 7,000원

잘못 만들어진 책은 언제든지 교환해 드립니다.

종교개혁자들과의 대화 Vol. 3
종교개혁의 역사

이상규 지음

이 소책자는 **잠실중앙교회**의 후원으로 만들어졌습니다.

시리즈 서문

500년 전 1517년에 하나님께서는 루터와 같은 말씀의 종들을 세우셔서 거짓되고 부패한 교회를 순수한 말씀을 통해 새롭게 하셨습니다. 이 뜻깊은 해를 맞이하여 우리는 종교개혁의 정신을 정확하게 이해하고, 그것을 바탕으로 오늘의 우리를 성찰하며, 다음 세대에게 그 정신을 잘 전수할 수 있기를 간절히 기대하고 있습니다. 종교개혁이 무엇이었는가에 대한 논의는 지금까지 숱하게 이루어져 왔고 앞으로도 계속해서 연구될 겁니다. 고신레포Refo500 준비위원회는 "오직 말씀 위에 교회를!"(The Church on the Word Alone!)이라는 슬로건 하에 '성경'과 '교리'와 '역사'라는 세 가지 큰 영역을 중점적으로 살피면서 변화와 갱신의 운동인 종교개혁을 주목했습니다.

고신레포Refo500 준비위원회는 다양한 사업들 중 핵심 사업으로 『종교개혁자들과의 대화』 시리즈를 기획했습니다. 이 시리즈는 총 12권의 소책자로 구성되었는데, 종교개혁이 일으킨 변화를 예배로부터 시작하여, 교회, 역사, 교육, 가정, 정치, 경제, 문화, 학문, 교리, 과학, 선교까지 모두 12가지 영역을 다룹니다. 이 시리즈를 펴내는 이유는 먼저 종교개혁이 당시 로마교회의 미신적인 몇몇 행태를 개혁한 것이 아니라, 유럽 사회 전체를 변혁한 총체적인 개혁이었다는 것을 드러내기 위함입니다. 그리고 여기서 더 나아가 종교개혁이 당시 유럽사회를 구체적으로 어떻게 변화시켰는지 파악하고, 다음으로 이런 총체적인 개혁이 오늘날 우리에게 어떻게 적용될 수 있는지를 찾아가기 위함입니다.

종교개혁은 유럽 사회 전체와 모든 영역을 개혁한 전무후무한 말씀운동이었습니다. 그러므로 우리 스스로 종교개혁의 의의를 교회 내의 활동으로 국한시키는 어리석음을 범하지 말아야 합니다. 현대 기성 기독교인들은 물론 자라나는 기독 청소년들을 위해서도 이런 작업은 꼭 필요합니다. 우리 기독 청소년들이 교회에서 말씀을 잘 깨닫고, 그래서 사회의 어떤 영역으로 나가더라도 그 말씀을 가지고 개혁의 일꾼으로 살아갈 수 있어야 하기 때문입니다. 이 시리즈가 종교개혁이 우리 시대에 살아있는 역사로 자리매김하는 일에 조금이나마 도움이 되기를 바랍니다. 이 시리즈를 집필하느라 수고한 집필진들과 후원해준 교인들과 교회들, 그리고 출판을 책임져준 SFC출판부에게 진심으로 감사의 말씀을 전합니다.

2016년 12월

고신레포Refo500 준비위원회

목차

시리즈 서문	5
들어가면서	11

제1장 종교개혁이란 무엇인가?   15
1) '종교개혁'이란 무엇인가?   15
2) 종교개혁은 왜 일어났는가?   17
3) 교회개혁의 의의   22
4) 종교개혁의 전개   24

제2장 루터와 독일에서의 개혁   29
1) 개혁자 루터   29
2) 면죄부 논쟁, 초기 저술활동   32
3) 루터의 파문   37
4) 바트부르크 성에서의 은거와 신약성경 번역   40
5) 비텐베르크로 돌아감   41
6) 성만찬 논쟁   44
7) 루터파의 발전   46

제3장 츠빙글리와 취리히에서의 개혁 49

1) 개혁자 츠빙글리 50
2) 목회활동 52
3) 츠빙글리의 개혁활동 54
4) 교회개혁을 위한 토론회 56
5) 재세례파, '스위스형제단'의 출현 59
6) 개혁의 진전 60
7) 종교적 갈등과 대립 61

제4장 칼빈과 제네바에서의 종교개혁 65

1) 개혁자 칼빈 66
2) 전환점: 개혁자로의 길 69
3) 『기독교 강요』의 집필 70
4) 파렐과 제네바 73
5) 칼빈의 제1차 제네바 개혁기 76
6) 스트라스부르에서의 칼빈 78
7) 칼빈의 제2차 제네바 개혁기 81
8) 제네바 아카데미의 설립, 후기의 날들 87

제5장 낙스와 스코틀랜드에서의 교회개혁   93

  1) 개혁운동의 선구자들   93
  2) 개혁자 존 낙스   95
  3) 개혁운동의 전개   98
  4) 장로교 총회의 조직, 메리와의 대결   100
  5) 낙스의 죽음, 그 이후   101

제6장 잉글랜드(영국)에서의 개혁   105

  1) 헨리 8세의 로마교회로부터의 분리   106
  2) 에드워드 6세 치하에서의 개혁   109
  3) 메리 치하에서의 로마교회로의 복귀   113
  4) 엘리자베스의 중도정책과 영국국교회   115

나가면서   119

주(註)   123

더 읽을 만한 책들   125

들어가면서:
하나님께서 이끌어 가신 개혁

우리가 말하는 '종교개혁'은 지금으로부터 꼭 500년 전인 1517년 10월 31일, 독일 비텐베르크(Wittenberg)대학의 교수였던 마르틴 루터(Martin Luther, 1483~1546년)가 당시 교회가 가르치는 잘못된 주장에 대해 토론할 것을 제의하면서 95개조의 토론문을 비텐베르크 성(城) 교회의 정문에 게시한 사건으로부터 시작되었습니다. 루터는 성경을 연구하는 중에 당시 교회가 가르치는 성경관, 교회관, 성찬관, 그리고 특히 구원관에 오류가 있음을 깨닫게 되었습니다. 그 구체적인 사례가 당시 판매되고 있었던 면죄부(免罪符)[1]였습니다. 그래서 루터는 면죄부 판매의 부당성을 토론하기 위해 '95개조'를 게재하게 된 겁니다.

그런데 흥미로운 일은 루터는 95개조를 독일의 일반인들이 읽을 수 있는 독일어로 게재한 것이 아니라, 오직 공부한 사람들만이 아는 라틴어로 게재했다는 점입니다. 당시에는 문맹률이 높아 독일어로 게재해도 읽을 수 있는 인구는 제한적일 수밖에 없는데, 루터는 독일어가 아니라 라틴어로 개제했습니다. 라틴어는 4세기 이후 교회의 공식적인 언어였지만, 실제로 당시 독일인 중에 라틴어를 읽을 수 있는 사람은 전체 인구의 0.5퍼센트에도 미치지 못하는 죽은 언어(死語)였습니다. 그런데 왜 루터는 95개조를 라틴어로 개제했을까요?

이것은 루터가 오늘날 우리가 알고 있는 '종교개혁'이라는 거대한 개혁을 의도하지 않았음을 암시합니다. 루터는 단지 학자들끼리 모여 토론 한 번 해보자는 의도였습니다. 그러나 하나님께서는 이 작은 일을 시작으로 교회를 개혁하고 바로잡는 거대한 역사를 시작하셨습니다. 우리가 종교개혁을 말할 때, 여러 개혁자들을 언급하며 그들이 개혁을 추진하고 성취한 것으로 말하지만, 사실 개혁을 이끌어 가신 분은 하나님이셨습니다. 루터의 생애나 그 이후의 개혁운동사를 봐도 순간순간 하나님께서 교회의 개혁을 이끌어 가셨음을 알 수 있습니다. 즉 루터에게서 종교개혁은 의도하지 않는 결과였던 겁니다.

루터가 95개조의 토론문을 게시하자, 이 사건은 크게 확산되어 일주일이 안되어 독일 전역으로 알려졌고, 한 달이 안되어 유럽 전체로 확산되었습니다. 처음에는 필사본이 유통되었으나, 그해 12월에는 라이프치히, 뉘른베르크, 취리히에서 동시에 인쇄되어 유럽으로 보급되었습니다. 인쇄비용은 루터의 친구들이 부담했습니다. 이때는 인쇄술이 발명된 지 70여 년이 지난 때였습니다. 구텐베르크의 인쇄술은 1450년에 개발되었는데, 이는 유럽의 문화에 엄청난 변화를 가져왔습니다.

루터의 면죄부 거부, 곧 로마교회에 대한 도전은 인쇄술의 발전에 힘입어 독일과 유럽으로 퍼져갔고, 이후 걷잡을 수 없는 변혁을 가져오게 되었습니다. 후일 루터의 친구 프리드리히 미코니우스(Friedrich Myconius, 1490~1546년)는 이렇게 썼습니다. "루터의 95개항은 열나흘이 채 지나기도 전에 독일 전역에 전파되었고, 4주 안에 모든 기독교 세계가 이 문서에 친숙해졌다. 마치 천사가 전령이 되어 뭇사람들의 눈앞에 가져다 놓은 듯했다." 그래서 종교개혁을 '매체사건'이었다고 말하기도 하고, "인쇄술이 개발되지 못했다면 종교개혁은 성공하지 못했을 것이다."라고 말하기도 합니다.

Reformed

제1장
종교개혁이란 무엇인가?

1) '종교개혁'이란 무엇인가?

우리가 '종교개혁'이라는 말을 사용하지만, 사실은 '교회개혁'이라고 말하는 것이 더 타당합니다. 물론 16세기 당시 유럽의 종교는 기독교였으므로 종교개혁이라고 말하면 기독교개혁을 의미하는 것이지만, 오늘날처럼 여러 종교가 공존하는 사회에서 종교개혁이라고 말하면 기독교만을 지칭하지 않고 종교 일반을 지칭하는 것으로 오해될 수 있습니다. 또 개혁자들이 개혁하려고 했던 대상은 일반적인 의미의 '종교'라기보다는 하나님의 '교회'였습니다. 이런 점에서 '종교개혁'이라는 용어보다는 '교회개혁'이라는 용어가 더 적절하다고 생각합니다. 그러나 일본의 번역을 따라 우리도

[그림 1] 제네바에 설치된 종교개혁자 상. 왼쪽부터 파렐, 칼빈, 베자, 낙스로 칼빈탄생 400주년을 기념하여 1909년에 조각을 시작해 1917년에 봉헌되었다.

'The Reformation'을 '종교개혁'(宗敎改革)으로 번역했습니다.

그렇다면 종교개혁이란 무엇일까요? 간단히 말하면, 원래의 기독교로의 회복운동이라고 할 수 있습니다. 여기서 '개혁'이란 개선이나 혁신이라기보다는 본래적인 것의 회복을 말합니다. 다시 말해 본래의 기독교 신앙과 생활에서 이탈한 중세 로마교회의 신학과 의식을 떠나 사도적 교회로 돌아서는 것을 의미합니다. 즉 종교개혁은 성경적인 바른 교리와 바른 교회, 바른 생활원리를 재발견한 겁니다. 그래서 아우구스티누스(Aurelius Augustinus, 354~430년)의 은

총의 신학과 사도 바울의 이신득의(以信得義) 교리를 부흥시킨 겁니다.

종교개혁은 당시 교회의 교리나 조직, 예배, 의식만이 아니라 서구사회의 정치, 경제, 사회, 문화 등 전 영역에 변화를 가져왔습니다. 소명(召命)에 대한 새로운 이해는 직업관의 변화를 가져왔고, 금욕적 독신주의에 대한 거부는 결혼과 가정생활을 새롭게 이해하게 했고, 국가와 교회 양자에 대한 바른 이해는 근대적인 의미의 국가관을 확립하게 했습니다.

2) 종교개혁은 왜 일어났는가?

그러면 종교개혁은 왜 일어났을까요? 일반적으로 '개혁'이라고 말할 때면, 무엇인가 잘못된 것이 있고 개혁되어야 할 그 무엇이 있다는 것을 암시하는데, 대체 그 잘못된 것이 무엇이었을까요?

가장 큰 문제는 중세교회의 신학과 교리의 변질이었습니다. 중세교회는 신약교회로부터 이탈하여 교리의 순수성을 상실했습니다. 특히 590년에 교황이 된 그레고리우스 1세는 하나님의 교회를 잘못된 교리에 빠뜨린 대표적인 인물입니다. 그는 천사나 소위 거룩한 것들의 중개자, 연옥, 성골(성인의 유골)숭배, 이적과 기사, 이교적 미신을 교회에 도입했습니다. 이후 교회는 사도적 교회로부터 크게 이탈하여 여러 가지 교리들이 변질되었습니다. 교리 변질의 역사를 대략적으로 정리하면 아래와 같습니다.

죽은 자를 위한 기도의 시작(330년), 성인숭배와 교회에서 마리아상과 같은 상(像)을 사용하기 시작(375년), 평상복과 다른 사제복이 대두(500년), 연옥교리 제정(593년), 유물들에 대한 경배를 인가(786년), 추기경단의 설립(927년), 사망한 이들에게 성자 칭호를 수여하는 성인들의 시성(諡聖)이 시작(995년), 금요일과 사순절 기간의 금식제도(998년), 미사가 점차 제사로 발전, 사제의 독신제를 다시 강요(1079년), 교황 칼리스투스 2세가 주관한 제1차 라테란 공의회에서 독신제를 교회법으로 선포(1123년), 종교재판소 설치(후일 개신교 탄압)(1184년), 면죄부 판매 시작(1190년), 화체설(化體說, 성찬식 때 성찬의 떡과 잔이 진짜 예수님의 살과 피로 변한다는 주장) 선포(1215년), 신부들에게 죄를 고백하는 고해(告解) 제정(1215년), 평신도들의 성경 소유 금지(1229년), 연옥의 공식교리 선포(1439년), 7성례 교리 확정(1439년).

이처럼 로마교회는 성경적으로 근거가 없는 여러 교리들을 교회회의를 통해 결정하고 이를 성경과 동일한 권위로 받아들였습니다.

이 외에도 로마교회는 성경관에서 크게 변질되었습니다. 우선 66권의 성경 외에도 근거가 의심스러워 정경으로 받아들일 수 없는 외경을 제2의 경전이라는 이름으로 받아들였습니다. 또한 '전통'(傳統)을 성경과 동일한 권위로 받아들였습니다. 로마교회가 말하는 전통이란 교황이 공식적으로 선언한 문서나 교회회의의 결정 사항, 그리고 교회가 관습적으로 행해오던 관례나 관행, 행동규범, 종교적 체험, 경신(敬信)의식, 그리고 공의회의 문헌 등을 포함하는데, 이런 것들도 성경과 동일한 권위를 지닌다고 말했습니다. 심지어 성경의 불분명한 부분은 전통의 빛으로 해석될 수 있다고 하여 어떤 점에서는 전통을 66권의 정경보다 우선시하기도 했습니다. 이런 잘못된 교리에 대항해 개혁자들은 오직 성경(*sola scriptura*)을 말했는데, 이것은 66권의 성경 외에는 외경이나 전통이 하나님의 영감된 말씀일 수 없다는 점을 의미했습니다.

구원관에서도 로마교회는 성경의 가르침에서 크게 이탈했습니다. 로마교회는 구원은 하나님의 은혜만으로는 부족하다고 보아 인간의 행위를 중시했는데, 이를 공로(功勞), 공덕(功德), 혹은 공적(功績)이라고 말합니다. 이런 인간의 공로가 하나님의 은혜에 더해짐으로 구원을 이룬다는 주장이 '신인협동설'(神人協同說)입니다. 이렇듯 로마교회는 오직 믿음으로 구원받는다는 성경의 가르침보다 인간의 공로를 강조함으로써, 금욕이나 마리아와 성자(聖者)의 숭배, 선행(善行) 등도 구원의 근거가 될 수 있다고 가르쳤습니다. 또한 특정한 사람들에게만 '성자'라는 칭호를 수여하고는, 그들은 자기를 구원하고도 남을 만큼의 공덕을 쌓았기 때문에 우리가 그 성자를 숭배하면 그가 쌓은 공로를 우리의 것으로 가져올 수 있다고 가르쳤습니다. 마치 아버지가 예금해 둔 은행의 돈을 그 아들이 이용할 수 있다는 주장과 비슷한데, 이를 '잉여공로설'(剩餘功勞說)이라고 말합니다. 따라서 개혁자들이 오직 믿음이라고 말했을 때, 이는 로마교회의 구원관에 대한 거부였으며, 인간 행위, 곧 공로사상에 대한 거부였습니다.

로마교회는 성례관에서도 성경의 가르침에서 크게 벗어났습니다. 성례(聖禮)란 교회가 시행하는 거룩한 예식으로서, 로마교회는 이를 교회나 성경만큼 중요시했습니다. 중세기에는 성례의 종류에 대해 공식적인 견해가 없었다가 후에 피터 롬바르트(Peter Lombard)가 일곱 가지 성례를 처음 말한 뒤, 이것이 1439년에 플로렌스회의에서 확정되었습니다. 일곱 가지 성례는 세례성사, 견진(堅振)성사, 혼인성사, 병자(病者)성사, 성품(聖品)성사, 고해(告解)성사, 성체(聖體)성사입니다. 개혁자들은 이런 성례관을 거부하고, 오직 예수님께서 제정하신 세례와 성찬만을 성례로 간주했습니다. 또한 성도들에게 떡만 분배하고 잔은 돌리지 않는 것을 거부했습니다.

중세 로마교회는 그 외에도 예배관, 교회관 등에서 성경의 가르침과 달랐습니다. 특히 교계제도(敎階制度)라고 불리는 교회의 계급 구조는 교황을 정점으로 하는 인간 중심의 구조였습니다. 이런 교리의 변질 외에도 중세 말기에는 성직매매까지 만연되었고, 성직자들이 성적으로 타락하고 물질과 권력을 탐욕스럽게 추구하는 세속화 현상이 두드러졌습니다. 사실 따지고 보면 성직자들의 권력에 대한 야망, 물질에 대한 탐욕, 명예에 대한 욕망이 영성을 파괴하고 교회를 부패로 이끌어갔던 겁니다.

중세교회의 부패는 근원적으로 두 가지 원인으로 압축되는데, 하나는 성직 교육의 부재이고, 다른 하나는 무분별한 성직자의 배출이었습니다. 즉 중세사회에서는 제대로 훈련

받지 못한 성직자들이 과다하게 배출되었습니다. 이로써 교회의 혼란과 무질서, 특히 세속화가 급격히 초래되었던 겁니다. 1517년에 독일의 문맹률은 95퍼센트였고, 라틴어를 읽을 수 있는 인구는 0.5퍼센트도 안 되었습니다. 그런데도 루터의 95개조가, 루터 자신의 말처럼, '천사가 사자(使者)가 된 것처럼' 급속히 전파되었던 것은 그만큼 그 시대에 교회개혁의 열망이 간절했기 때문입니다.

3) 교회개혁의 의의

종교개혁의 성취는 크게 세 가지의 라틴어로 언급되는데, 첫째가 '*Sola Scriptura*'(솔라 스크립투라, '오직 성경')입니다. 종교개혁자들은 외경이나 전통, 혹은 교회의 율법주의를 거부하고, 오직 66권의 성경만이 신앙과 생활의 유일한 법칙이요 하나님께서 주신 계시의 말씀이라고 주장했습니다. 이런 점에서 종교개혁은 '성경의 재발견'이라고 할 수 있습니다.

둘째는 '*Sola Fide*'(솔라 피데, '오직 믿음')입니다. 이는 우리의 구원은 우리의 행위나 공로가 아니라 오직 믿음으로 얻게 된다는 겁니다. 이로써 종교개혁은 중세교회의 공로사상을 거부하며, 인간의 어떤 행위도 구원의 근거가 될 수 없다고 가르쳤습니다.

셋째는 '*Sola Gratia*'(솔라 그라티아, '오직 은혜')입니다. 이는 우리가 하나님의 불가항력적인 은혜로 믿게 되며, 또 그로 말미암아 구원을 받게 된다는 겁니다. 이로써 모든 것은 오직 하나님의 은혜일 뿐 우리의 자랑거리가 될 수 없음을 가르쳤습니다. 이런 은혜교리에 대한 바른 이해는 바울과 아우구스티누스를 거쳐 종교개혁자들, 특히 칼빈이 가르친 중요한 가르침이었습니다.

그런데 오직 성경, 오직 믿음, 오직 은혜라는 세 가지의 개혁정신은 구체적으로 예배의 개혁을 통해 나타났습니다. 예배란 우리가 어떻게 하나님을 믿느냐 하는 하나님에 대한 이해를 기초로 하기 때문에, 예배의 개혁은 교회개혁의 논리적인 결과일 수밖에 없었습니다. 그래서 당시 교회에 내재해 있던 각종 이교적(異敎的)인 풍습과 신비적인 요소들, 우상과 미신들을 제거하고, 예수님께서 단번에 드린 희생을 불완전케 만드는 미사제도를 폐지하며, 하나님께 대한 찬양과 경배, 그리고 감사로서의 예배를 확립했던 겁니다.

종교개혁은 사제주의(司祭主義)에 대한 거부이기도 했습니다. 중세 로마교회는 성직자(사제)와 평신도를 엄격하게 구분했고, 평신도는 사제의 중보를 통해 하나님께로 나아갈 수 있다고 가르쳤습니다. 그러나 개혁자들은 예수님만이 우리의 중보자시라는 점을 가르침으로써, 하나님과 우리 사이의 중보적 위치에 있던 사제를 본래의 위치로 환원시켰습니다. 그래서 우리는 사제 없이도 하나님께 나아갈 수 있게 된 겁니다. 이를 만인사제직의 재발견이라고 합니다.

4) 종교개혁의 전개

그렇다면 교회개혁운동은 어떻게 전개되었을까요? 우선 여기서는 대략적으로 설명하고, 다음 장에서부터 국가별로 구체적으로 소개하려고 합니다. 종교개혁은 독일에서는 루터(Martin Luther, 1483~1546년)에 의해 비텐베르크를 거점으로 개혁이 전개되어 1530년에 아우구스부르크 신앙고백서가 작성되었고, 이후 루터파(Lutheran)로 발전했습니다. 1546년에 루터가 사망한 후에는 후계자 멜랑흐톤(Philip Melanchton, 1497~1560년)에 의해 개혁이 추진되었습니다.

독일에서 루터의 개혁운동이 전개되고 있을 때, 스위스에서는 츠빙글리와 칼빈에 의해 이 운동이 전개되었습니다. 츠빙글리(U. Zwingli, 1484~1531년)는 스위스의 독일어 사용지역인 취리히를 중심으로 개혁운동을 전개했고, 종교문제에 대한 토론으로 시의회의 인정을 받음으로써 개혁운동을 추진했는데, 불행하게도 1531년 카펠(Cappel) 전투에서 47세의 나이로 전사했습니다. 그 후 개혁운동은 불링거(Heinrich Bullinger, 1504~1575년) 등 후계자들에 의해 계승되었습니다.

스위스의 프랑스어 사용 지역인 제네바(Geneva)에서는 존 칼빈(J. Calvin, 1509~1564년)에 의해 개혁이 전개되었습니다. 칼빈은 루터나 츠빙글리에 비해 한 세대 후배였습니다. 그는 1533년에 프랑스를 떠난 후 바젤에서 일시 체류했고, 1536년 7월부터는 제네바에서 개혁운동에 전념했는데, 1538년 4월부터 1541년 9월까지 스트라스부르(Strassburg)에서 보낸 3년간의 기간을 제외하고는 1564년에 하늘나라로 부름을 받을 때까지 제네바에서 개혁운동을 전개했습니다. 이후 츠빙글리와 칼빈에 의한 스위스의 개혁운동은 개혁파(Reformed)로 발전했습니다.

독일과 스위스 외의 다른 지역에서도 개혁운동이 일어났는데, 스코틀랜드의 경우 존 낙스(John Knox, 1515~1572년)에 의해 개혁이 추진되어 1560년에 장로교가 정착되었고, 영국에서는 국왕인 헨리 8세(Henry VIII, 1491~1547년)가 자신의 이혼문제로 교황청과 단절한 뒤, 1534년에 수장령(首長令)을 발표하면서 영국국교회(Church of England), 곧 성공회로 출발했습니다. 이상에서 말한 종교개혁의 전개를 지역별로 주도적인 인물을 중심으로 간단하게 정리하면 아래와 같습니다.

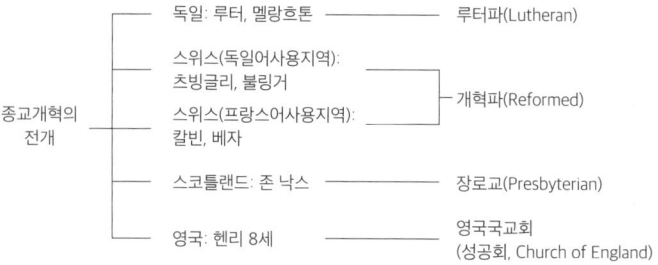

이 외에도 스트라스부르의 마르틴 부써(Martin Bucer, 1491~1551년), 제네바의 기욤 파렐(Guillaume Farel, 1489~1565년)과 데오도르 베자(Theodore Beza, 1519~1605년) 등 여러 개혁자들이 있었습니다. 이들의 봉사와 개혁활동을 통해 오늘 우리가 속한 개신교회가 생겨났는데, 이를 지칭하는 '프로테스탄트'(Protestant)라는 용어가 생겨난 때는 1529년 4월이었습니다.

◈ 토론을 위한 질문 ◈

1) 종교개혁을 각자의 말로 정의해보세요.

2) 종교개혁의 원인은 무엇인가요?

3) 종교개혁은 어떻게 전개되었고, 그것은 어떤 교회들을 형성하게 되었나요?

Re
form
ed

제2장
루터와 독일에서의 개혁

   비록 루터가 종교개혁이라는 거대한 세계사적 변혁을 의도하거나 예견하지는 못했다 하더라도, 이 개혁운동이 1517년 루터의 '95개조 사건'으로부터 시작되었다는 점은 부인할 수 없습니다. 이 사건 이후 루터는 거의 30여 년간 이 개혁운동의 주도적인 인물로 활동했다는 점에서 종교개혁에 관한 논의를 루터로부터 시작하는 것이 매우 자연스럽다고 할 수 있습니다.

1) 개혁자 루터

   루터는 1483년 11월 10일 프로이센 작센지역의 아이스레벤(Eisleben)에서 7남매 중 장남으로 태어났습니다. 그 다음날인 성 마르틴(St. Martin)일에 영세를 받게 되었기 때문에 그의 이름을 마르틴 루터(Martin Luther)라고 부르게 되었습니다. 루터의 가족은 1483년 봄에 아이스레벤에서 멀지 않는 아이제나흐(Eisenach)로 이사하게 되었는데, 이곳에서 루터의 학교교육이 시작되었습니다. 1488년부터는 9년간 만스펠트(Mansfeld) 라틴어학교에서 수학했고, 14살이 되던 해인 1497년에는 사촌형과 함께 마그데부르크(Magdeburg)로 옮겨가 1년간 체류하면서 '공동생활 형제단'이 운영하던 학교에서 공부했습니다. 그 후 다시 아이제나흐로 돌아가 성 조지 라틴어학교에서 1501년까지 공부했습니다. 이때 중세교회의 경건을 배우고 라틴어 등의 인문

[그림 2] 독일의 종교개혁자 루터

주의 교육을 받았습니다.

1501년 5월에는 에르푸르트(Erfurt)대학에 입학했는데, 이 대학은 1392년에 설립된 대학으로 문과와 법과, 신학부는 독일에서도 명성이 있었습니다. 이 대학에서 중세 전통에 따라 3학(*the trivium*: 문법, 논리, 수사학) 4과(*the quad-rivium*: 산수, 기하, 천문, 음악)를 공부했습니다. 1505년 2월에 이 대학에서 문학석사 학위를 받았고, 그 이후 아버지의 소원을 따라 법률 공부를 하고자 했습니다. 하지만 1505년 7월 2일에 에르푸르트 근방 스토턴하임(Stotternheim)이라는 곳에서 친구가 벼락에 맞아 죽는 것을 경험하고, 수도사가 되기로 결심합니다. 그리고 그로부터 2주일 후인 7월 17일에 아우구스티누스파 수도원에 입회했습니다. 그는 짧은 견습과정을 마치고, 1506년 수도(修道)의 맹세를 한 뒤, 1507년 2월 27일에 사제가 되었습니다.

루터는 수도생활에 최선을 다하고 교회의 의식을 따랐으나, 마음의 평화를 누리지 못하고 번민했습니다. 그때 그에게 영적 안내자의 역할을 해준 사람이 수도원 원장이자 비텐베르크대학의 교수였던 스타우피츠(J. Staupitz)였습니다. 그는 루터의 뛰어난 지력과 종교적 열심을 인정하고, 1502년에 설립된 비텐베르크대학에 교수가 되도록 선제후(選帝

侯)[2] 프리드리히에게 천거했습니다. 그 결과 루터는 1508년부터 이 대학에서 가르치게 되었습니다.

1512년 10월 루터는 비텐베르크대학에서 신학박사 학위를 받고, 대학에서 신학을 가르칠 수 있는 자격(*Licentia Magistralis*)을 얻어 교수가 되었습니다. 그는 수도원에서 구원에 관해 심각하게 고민하고 갈등했으며, 성경연구를 통해 복음적인 진리, 곧 믿음으로 말미암는 구원의 진리를 깨닫게 되었습니다. 이를 '탑속의 경험'이라고 말하는데, 아마도 1515년 이후의 일로 보입니다. 비텐베르크대학의 교수로서 루터는 처음에는 시편을 강의했고(1513~1515년), 1515년에서 1516년 사이에는 로마서를 강의했는데, 이러한 일련의 강의를 위해 연구하면서 복음에 대한 근본적인 자각과 복음의 진리를 깨닫게 된 것으로 보입니다.

2) 면죄부 논쟁, 초기 저술활동

루터가 '95개조'를 게시한 날은 1517년 10월 31일이었지만, 이 문서를 동료들에게 보낸 날은 11월 11일이었습니다. 이후 독일어로 번역된 인쇄본이 각처로 전달되면서 한 달이 채 안 되어 유럽 전체로 보급되어 엄청난 파장을 불러 일으켰습니다. 95개 항으로 구성된 이 문서의 주된 내용은 성경적인 회개의 의미를 설명한 후 면죄부의 무효성을 주장한 것인데, 교황(사제)의 사죄권과 공로사상을 부인하고 그리스도만이 우리의 죄를 사해줄 수 있는 유일한 분임을 밝힙니다. 이 문서를 간략하게 정리하면 아래와 같습니다.

1~7항: 성경적으로 본 회개의 의미
8~29항: 연옥에 있는 영혼을 위한 면죄부의 부당성에 대하여
30~80항: 살아있는 자를 위한 면죄부에 대하여
81~91항: 면죄부 판매에 대한 비판과 반대
92~95항: 면죄부 판매의 그릇된 동기에 대하여

결국 95개조는 예수님으로 말미암는 구원을 강조하고, 교황의 사죄권과 공로사상을 비판한 문서라고 할 수 있습니

[그림 3]
루터가 1517년 10월 31일에 게시한 95개의 토론문

다. 루터는 82항에서 교황이 지금 당장 연옥을 비울 능력이 있다면 왜 그렇게 하지 않느냐고 물었고, 86항에서는 가난한 이들에게 면죄부를 팔아 그 돈으로 로마에 호화로운 성당을 건축하는 일이 온당하냐고 물었습니다. 이 문서가 전파되자 루터는 엄청난 공격을 받았고, 그래서 자신의 입장을 재천명하지 않을 수 없었습니다. 그것이 『95개 논제에 대한 해설』인데, 이는 '교황 레오 10세에게 드리는 글'이라는 부제로 출판되었습니다. 이 책에서 루터는 자신이 교황에게 도전할 의도가 없고 또 교회의 권위를 훼손할 의도도 없다고 말했지만, 그의 의도와 상관없이 이 사건은 교황과 교회에 대한 도전으로, 나아가 교회개혁의 역사로 발전해 갔습니다.

각처에서 논쟁이 일어났고 루터에 대한 비난이 들끓었습니다. 그러던 중 1518년 4월 26일에 루터가 속한 아우구스티누스파 수도회 총회가 독일 남부 팔츠의 수도 하이델베르크에서 개최되었습니다. 루터는 40개 항목의 논제를 제출하고 토론에 임했는데, 이때의 토론을 흔히 '하이델베르크 논쟁'이라고 부릅니다. 여기서 루터는 당시 교회의 공로사상을 거부하고 이신칭의 교리를 제시했습니다. 이 토론회에서 루터는 세 사람의 동료를 얻었는데, 마르틴 부써(Martin Bucer)와 요한 브렌츠(Johann Brenz), 그리고 빌리카누스

(Theodore Billicanus)였습니다. 이들은 루터의 동료로서 상호 영향을 주고받았고, 이들을 통해 복음주의 신학이 널리 보급될 수 있었습니다.

1519년 6월 27일부터 약 2주간 라이프치히에서 루터는 엑크(Johann Mayr Eck, 1486~1543년)와 토론했는데, 이 토론을 흔히 '라이프치히 논쟁'이라고 합니다. 엑크는 루터보다 우수한 로마교회의 학자였으며, 교황의 신적 권위, 연옥 교리, 면죄부와 고해성사가 논쟁의 중요한 주제였습니다. 이 논쟁에서 루터는 성경이 최고의 권위이므로 성경보다 교황의 우위성을 말하는 것은 잘못이라고 지적하고, 교황의 신적 권위를 부정했습니다. 하지만 엑크는 콘스탄츠회의(Constance, 1415년)에서 이단으로 정죄된 위클리프와 후스의 이단이 루터를 통해 다시 나타났다고 주장하면서, 후스를 버리든지 콘스탄츠회의의 권위를 부인하든지 양자택일하라고 요구했습니다. 이에 루터는 교회회의도 과오를 범할 수 있다고 주장하면서 후스를 처형한 것은 오류였다고 지적했습니다. 이 토론에서 루터는 후스파 이단이라고 공격을 받았지만, 그는 아랑곳하지 않고 '오직 성경', 곧 성경이 교부들이나 교회회의보다 우선한다고 주장했습니다.

루터의 사건은 확산되었고, 사태는 심각해졌습니다. 그래서 루터는 자신의 입장을 제시해야 할 필요를 느끼고 1520년에 세 개의 글을 발표합니다. 먼저 8월에 출판한 『독일 크리스천 귀족에게 보내는 글』에서는 성직자와 평신도 사이에 본질적인 차이가 없다고 지적하며 만인제사장직을 주장합니다. 특히 여기서 그는 교황의 절대권, 교황만이 성경을 해석할 수 있다는 주장, 교황만이 교회회의를 소집할 수 있다는 주장을 비판합니다. 그리고 그해 10월에 출판한 『교회의 바벨론 감금』에서는 로마교회의 성례전을 비판합니다. 세례와 성찬 외의 다섯 가지 성례는 성경적인 근거가 없으므로 폐지해야 한다는 것이었습니다. 여기서 그는 자신의 성찬관인 공재설(共在說)을 주장하는데, 즉 성찬의 떡과 잔이 예수님의 진짜 살과 피로 변한다는 로마교회의 화체설(化體說)을 비판하고, 예수님께서는 떡과 잔과 함께 계신다는 육체적 임재설을 주장한 겁니다.

세 번째 소책자가 『그리스도인의 자유에 관하여』입니다. 이것은 루터와 교황청과의 대립이 심화되자 작센의 젊은 귀족 밀티스(Karl von Miltitz)가 양자를 중재하려는 의도로 루터에게 종교개혁의 신학을 해명하는 글을 요청했고, 이에 응해서 쓴 작품입니다. 1520년 11월 말에 출판된 이 책에서 루터는 그리스도 안에서 믿음으로 얻는 자유에 대해 말하면서,

"그리스도인은 아무 것에도 종속되지 아니한 자유로운 존재이다. 그리스도인은 만민에게 봉사하며 섬기며 모든 것에 종속된다."라는 두 가지 명제를 제시했습니다. 상호모순처럼 보이지만, 이 글에서 루터는 참된 신앙은 영적 노예상태에서 신자를 해방시키면서, 동시에 이웃에 대한 사랑과 봉사를 다하게 한다고 천명한 겁니다. 이 세 편의 글 외에도 1520년 5월에 쓴 『선행에 관하여』도 믿음과 선행의 관계를 설명하고, 공로사상을 배격한 소중한 작품으로 알려져 있습니다.

3) 루터의 파문

루터는 파문을 피할 수 없었습니다. 이미 1518년 8월에 교황 레오 10세는 루터를 체포하도록 명령했습니다. 1520년 6월 15일에 내린 교서, '주여 일어나소서'(*Exsurge Domine*)에서는 루터의 모든 저서를 불태우도록 했습니다. 하지만 각종 토론과 출판은 멈추지 않았고, 교회개혁의 불길은 오히려 확산되었습니다. 루터 역시 자신의 입장을 취소하지 않고, 도리어 그해 12월 10일에 교황의 교서를 불태웠습니다. 이렇게 되자 교황은 1521년 1월 3일에 루터를 로마교회에서 영원히 추방하는 최후의 파문장(*Decet Romanum Pintigicem*)을 공포했습니다. 이로써 루터는 돌이킬 수 없는 홍해를 건넜고, 교회개혁의 출애굽 사건은 새로운 단계에 들어서게 되었습니다.

1519년에 황제 막시밀리안 1세가 죽자, 그해 6월 28일에 신성로마제국의 황제로 카를(Karl) 5세가 선출되었습니다. 그는 교황의 환심을 사기 위해 루터로 말미암아 제기된 종교적인 문제를 해결하려고 1521년 3월 6일에 루터를 보름스 제국 회의에 소환하는 문서를 발표했습니다. 이때 카를 5세는 21세였습니다. 루터를 지켜주었던 선제후 프리드리히 등은 루터에게 보름스에 가지 말 것을 권고했으나, 루터는 '복음을 불경건한 자들의 조소거리로 만들지 않기 위해' 제국의 회에 출두하기로 작정하고, 4월 2일에 비텐베르크를 떠나 보름스에 이르는 약 700 킬로미터의 긴 여정에 올랐습니다. 보름스에 도착한 날은 4월 16일이었습니다. 제국회의에는 황제인 카를 5세, 일곱 명의 선제후들, 추기경 등 교회지도자들, 이 지역의 관리들, 외국의 대사들 등 지도적인 인물들이 대거 참여했고, 약 오천 명에 이르는 군중들이 회의장 안팎에 운집했습니다. 루터는 4월 17일 수요일 오후에 제국회의에 출두했습니다.

트리에르(Trier)의 주교 서기인 요한 엑크(라이프치히에서 루터와 논쟁했던 요한 엑크와 동명이인이다)는 루터에게 두 가지 질문을 했습니다. 첫째는 제국회의 석상의 탁자 위에 수집해둔 20여 권의 책들이 루터 자신의 저서들임을 인정하는가, 둘째는 그 책의 내용을 철회할 수 있는가 하는 것이었습니다. 루터는 그 책들이 자신의 저서임은 인정했지만, 두 번째 질문에 답하기 위해서는 시간이 필요하다고 요청하고 하루를 허락받았습니다. 다음 날 제국회의에 다시 출두한 루터는 철회를 거부하고 이렇게 말했습니다.

성경과 명백한 이성에 따라 확신을 갖게 되지 않는 한 나는 교황과 교회회의를 인정하지 않습니다. …… 나의 양심은 하나님의 말씀에 사로잡혀 있습니다. 나는 아무 것도 취소할 수 없고 또 철회하지도 않겠습니다. 양심을 거역하는 일은 옳지도 않고 안전하지도 않기 때문입니다.

종교개혁에 관한 아주 오래된 초기 기록을 보면, 루터는 독일어로 다음과 같이 말하면서 답변을 끝냈다고 합니다.

내가 여기 섰습니다. 나는 달리 말할 수 없습니다. 하나님이여, 나를 도우소서. 아멘.
Hier stehe ich. Ich kann nicht anders. Gott helfe mir. Amen.

결국 루터는 제국회의를 통해서도 이단으로 확정되었고, 그에게 음식이나 숙소를 제공하는 것을 금하는 황제의 파문 칙령이 5월 26일부터 발효되었습니다. 이로써 루터는 하나님의 포도원을 허무는 야수요 사악한 이단이 되어 법의 보호를 받을 수 없게 되었습니다.

4) 바트부르크 성에서의 은거와 신약성경 번역

루터는 4월 26일에 보름스를 떠나 귀로에 올랐습니다. 이때 작센의 제후이자 비텐베르크대학의 설립자인 프리드리히가 위험에 처한 루터를 비밀리에 아이제나흐 주변에 있는 바트부르크 성으로 데리고 가 숨겨주었습니다. 물론 이런 도움은 이때가 처음이 아니었습니다. 이 같은 하나님의 섭리와 은혜가 없었다면 루터는 잡혀서 죽었을 겁니다.

루터는 바트부르크 성에 1522년 3월까지 11개월 동안 은거했습니다. 그는 신변의 안전을 위해 기사(騎士)로 변장하고 가명을 사용하기도 했습니다. 유명한 화가 루카스 그라나흐가 그린 1521년도 작품 <융케르 게올그>가 이 시기 루터의 초상화입니다. 비록 건강이 좋지 않았지만, 그래도 루터는 이때 열두 권의 소책자를 집필했고, 특히 에라스무스가 1516년에 편집한 그리스어 신약성경을 독일어로 번역했습니다. 성경에 대한 무지가 교회 부패의 원인이라고 보았던 루터는 자국어로의 성경번역을 중요한 과제로 생각했기 때문입니다. 번역은 1522년 2월에 완성했지만, 출판된 때는 1523년 9월이었습니다. 루터가 동료들의 도움을 입고 구약까지 번역해 출판했을 때는 11년 후인 1534년이었습니다.

5) 비텐베르크로 돌아감

루터가 바트부르크 성에 은거해 있는 동안 비텐베르크에서는 과격하고 급진적인 개혁운동이 칼슈타트(Andreas Karlstadt, 1480~1541년)에 의해 전개되었습니다. 그는 루터와 협력관계에 있었지만, 신학적 입장은 서로 달랐습니다. 개혁을 추진하는 방법에서도 루터는 점진적인 개혁을 원했지만, 칼슈타트는 과격하고 급진적인 개혁을 원했습니다. 이런 칼슈타트의 영향으로 흥분한 군중들이 미사의 즉각적인 폐지 및 성상(聖像)과 독신제의 반대를 주장하면서, 대대적인 성상파괴운동이 일어나 사회적 불안이 야기되었습니다. 루터 역시 이들의 주장에 반대하지는 않았지만, 그래도 이것들이 점진적으로 진행되길 원했습니다. 이런 상황에서 멜랑흐톤은 루터에게 비텐베르크로 돌아갈 것을 요청했고, 루터도 더 이상 은거해 있을 수 없어서 1522년 3월 6일에 비텐베르크로 돌아갔습니다. 이때부터 1546년에 죽기까지 루터는 거의 대부분의 시간을 비텐베르크에서 보내면서 교회개혁운동을 이끌었습니다.

비텐베르크로 돌아간 루터는 여덟 편의 연속적인 설교에서 본질적인 것(*diaphora*)과 비본질적인 것(*adiaphora*)을 구별하자고 했습니다. 즉 성경에서 분명하게 지시하거나 금지한 것이 본질적인 요소라면, 예배의식이나 예배순서, 성직자의 복장, 수도원 입회를 위한 서원, 성상(聖像), 성직자의 결혼 등은 비본질적인 요소라는 것이었습니다. 그리고 후자에 대해서는 환경과 시대, 장소에 따라 자유롭게 선택할 수 있다고 했습니다. 본질적인 문제가 아닌 사안들은 '아디아포라'(*adiaphora*), 곧 '불간섭의 영역'으로서 받아들이든 거부하든 중요하지 않다는 것인데, 이 때문에 루터파(Lutheran)는 로마교회의 여러 가지 예배의식이나 성상제도 등을 그대로 받아들이는 보수적인 입장을 취하게 되었습니다.

그러면 이에 대해 칼빈은 어떤 입장이었을까요? 칼빈은 '아디아포라'의 영역을 거의 인정하지 않았습니다. 그래서 루터가 비본질적인 것으로 여겼던 문제들도 칼빈에게는 성경의 가르침과 원리에서 어긋나는 것들이라면 개혁의 대상이 되었습니다. '전통'에 대한 입장에서도 두 개혁자 사이에 분명한 차이가 있었는데, 루터는 '성경이 금하지 않는 한 전통은 구속력이 있다'고 생각한 반면, 칼빈은 '성경이 명하지 않는 한 전통은 구속력이 없다'고 생각했습니다. 이런 이유로 칼빈파 전통에서는 로마교회의 잔재가 말끔히 제거되고 루터파보다 철저한 개혁을 단행할 수 있었습니다.

한편 루터는 '소명론'을 통해 새로운 직업관을 제시했고, '두 왕국설'을 통해 교회와 국가의 관계를 제시했습니다. 또한 1525년 6월 13일에는 수녀 출신인 카타리나 폰 보라(Katharina von Bora)와 결혼함으로써 독신제를 반대함을 보여주기도 했습니다. 루터는 여섯 자녀를 낳았고, 당시 역병으로 고아가 된 여섯 아이를 입양하기까지 했습니다(그가 입양까지 했다는 사실을 아는 이들은 많지 않습니다).

1524년에서 1525년 사이에 일어난 농민전쟁은 루터가 급진적인 종말론이나 폭력적인 혁명을 거부하고 점진적인 개혁을 추구했음을 분명하게 보여주었습니다. 이후 루터의 개혁운동은 점차 더 넓은 지역으로 확대되었고, 로마교회에 대한 항거도 급속도로 퍼져갔습니다. 루터의 저서들은 각처로 보급되었는데, 특히 루터가 번역한 독일어판 신약성경은 1522년 9월에 오천 부가 인쇄되어 3개월 만에 매진되었습니다. 1534년에 출판된 루터역 성경전서도 그 후 12년 간 루터가 사망하기까지 십만 권이 판매되었다고 합니다. 1521년 12월에 출판된 멜랑흐톤(Melanchton)의 『신학요의』(*Loci Commues*) 또한 루터파의 확산에 영향을 주었습니다.

6) 성만찬 논쟁

교회개혁이 진행되자 정치지도자들도 개혁을 지지하는 쪽과 반대하는 쪽으로 양분되었습니다. 루터의 개혁을 반대하고 로마교회를 지지하는 제후들은 1524년 7월에 라티스본 동맹(데사우 동맹이라고도 함)을 결성해 루터파의 확산을 막으려고 한 반면, 루터의 개혁을 지지하던 헤세의 필립과 작센의 선제후 요한 등은 1526년 6월 토르가우에서 동맹(고타 동맹)을 체결해 루터파를 보호했습니다. 그러나 오스만투르크의 위협으로 양측은 타협을 해야만 했습니다. 이것이 카를 5세 황제가 1526년에 소집한 제1차 슈파이어제국회의였습니다. 여기서 내린 타협적인 결정이 "한 지역의 종교는 그 지역 통치자의 종교에 따른다."(*Cuius regio, eius religio*; *Whose realm, his religion*, '그의 지역에서는 그의 종교로')라는 것이었습니다. 이로써 1521년에 내린 보름스 칙령은 철회되었습니다. 하지만 정치적 상황이 달라지자 황제는 1529년에 제2차 슈파이어제국 회의를 소집해 이전의 결정을 번복하고, 루터파를 다시 이단으로 처벌하기 시작했습니다. 이에 루터파를 지지하던 다섯 명의 군주들과 열네 개 도시의 대표자들은 황제의 조치에 항의(protest)했는데, 여기서 '항의자', 곧 '프로테스탄트'(Protestant)라는 용어가 생겨난 겁니다. 이때가 1529년 4월이었습니다.

루터파를 다시 이단으로 몰아가자 이 난국을 타개하기 위해 헤세의 필립(Philip of Hesse)은 비텐베르크(루터파)와 취리히(츠빙글리파) 사이에 존재하는 교리적(신학적) 차이를 해소함으로써 독일과 스위스의 개혁운동을 연합하는 동맹을 결성하려 했습니다. 이것이 바로 루터와 츠빙글리 측의 '성만찬 논쟁'이었는데, 1529년 10월 1일부터 3일까지 독일의 마르부르크에서 개최되었기 때문에 '마르부르크 회담'이라고도 합니다. 이 논쟁에서 핵심은 마태복음 26장 26절의 "이것은 내 몸이다."(*Hoc est corpus meum*)라는 말씀에 대한 해석이었습니다. 루터와 츠빙글리 양측은 모두 로마교회의 화체설은 부인했지만, 루터측은 공재설, 곧 실재 임재(physical presence)를 주장했고, 츠빙글리측은 상징설을 말하면서 성찬의 기념으로서의 의미를 주장했습니다. 이 때문에 로마교회에 대항하는 개신교 동맹은 이루어지지 못했습니다. 결국 루터의 개혁운동은 루터파(Lutheran)로, 츠빙글리의 개혁운동은 후일 칼빈의 개혁운동과 연합하여 개혁파(Reformed)로 발전했습니다. 이로써 종교개혁의 이념을 같이 하면서도 성찬관의 차이 때문에 두 개의 교회로 나눠지게 되었습니다.

7) 루터파의 발전

독일에서 루터의 개혁운동은 1526년 제1차 슈파이어제국회의를 전후해 예배의식과 교회조직을 갖추었습니다. 루터는 전통적인 예식문(liturgy)을 이용해 독일어 찬송가 가사를 짓는 등, 음악과 찬송, 가정생활, 교육을 강조했습니다. 루터가 작곡한 찬송가 열세 편은 지금까지 전해오고 있습니다. 또한 그는 각 지역의 행정당국자들이 그들의 권한 안에서 예배와 교회의 조직과 운영을 규제할 수 있게 했습니다. 그래서 독일에는 영방교회(領邦敎會, Landeskirche)[3]가 생겼고, 그 밖의 나라에서도 국가교회가 출현하게 되었습니다.

1530년에는 루터의 동료이자 후계자였던 멜랑흐톤에 의해 신앙고백서가 작성되었는데, 이것이 유명한 '아우구스부르크 신앙고백서'(*Confessio Augustana*)입니다. 남부 독일의 바덴 지방에서 출생한 멜랑흐톤은 당대 최고의 히브리어 학자였던 요한 로이힐린(Johannes Reuchlin)의 외손자로서, 유명한 인문주의자였습니다. 그는 어학적 자질과 학자로서의 명성, 그리고 로이힐린의 천거로 비텐베르크대학의 그리스어 교수가 됩니다. 1521년에 쓴 『신학요의』(*Loci Communes*)는 개신교 최초의 조직신학서로 알려져 있습니다. 루터가 1546년 2월 18일에 63세로 사망하자 멜랑흐톤이 그의 뒤를 이어 개혁을 이끌었습니다. 아우그스부르크 신앙고백서는 1517년에서 1648년까지의 종교개혁사에서 첫 번째로 작성된 신앙고백서로서, 후일 루터파의 공식적인 신앙고백서가 됩니다. 이후 루터교는 스칸디나비아 반도를 거쳐 나중에 미국에까지 전파됩니다. 그리고 6.25 동란 중에 미국의 루터교회가 한국에 선교사를 파송해서 한국에도 루터교가 전파됩니다.

[그림 4]
루터의 동료이자 후계자였던 멜랑흐톤

◈ 토론을 위한 질문 ◈

1) 95개조의 중심 내용은 무엇인가요?

2) 루터는 자신의 주장이 정당하다는 점을 무엇에 근거해 설명했나요?

3) 루터교에 로마교회의 잔재가 남아 있게 된 이유는 무엇일까요?

제3장
츠빙글리와 취리히에서의 개혁

종교개혁이라 하면 루터를 떠올리지만, 사실 교회개혁이라는 거대한 역사는 루터를 포함해 많은 개혁자들이 함께 이룬 공동의 결실이었습니다. 조금씩 다르긴 하지만, 독일만이 아니라 스위스, 스코틀랜드, 네덜란드 등에서도 오직 성경, 오직 믿음, 오직 은혜라는 개혁운동의 공통 기반 위에서 개혁이 전개되었습니다. 이런 점에서 '종교개혁'을 단수로 표현하기보다 '종교개혁들'(The Reformations)이라고 불러야 한다고 말하기도 합니다.

스위스에서는 크게 세 가지 형태의 개혁운동이 일어났습니다. 첫째는 스위스 북부의 독일어 사용 지역, 특히 취리히를 중심으로 전개된 츠빙글리의 개혁운동입니다. 둘째는 스위스 남부의 프랑스어 사용 지역, 곧 제네바를 중심으로 전개된 칼빈의 개혁운동입니다. 셋째는 취리히를 중심으로 전개된 재세례파(재침례파, Anabaptist)의 급진적인 개혁운동입니다. 재세례파는 츠빙글리의 동료들에게서 시작되어, 취리히를 중심으로 스위스와 독일, 네덜란드 등으로 퍼져갔습니다. 여기서는 먼저 취리히에서 전개된 츠빙글리의 개혁운동을 소개하려고 합니다. 종교개혁 당시 스위스는 명목상으로는 신성로마제국에 속했지만, 유럽에서 가장 자유로운 나라로서 1513년부터 자치권이 있는 열세 개의 주(州)로 구성되어 있었습니다.

1) 개혁자 츠빙글리

취리히의 개혁자 울리히 츠빙글리(Ulrich Zwingli, 1484~1531년)는 1484년 1월 1일에 세인트 갈(St. Gall) 주(州)에 있는 토겐부르크라는 도시의 빌트하우스에서 농부이자 그 지역의 행정서기의 3남으로 태어났습니다. 이는 루터가 출생한 지 7주 후였습니다. 그는 여덟 살 때 삼촌 바돌로뮤가 교장으로 있던 베젠학교에 입학했고, 열 살 때인 1494년에는 바젤로 가서 성 데오도르학교에 입학해 3년간 라틴어와 변증법, 음악 등을 공부했습니다. 그 후 바젤에서 베른

[그림 5]
취리히의 종교개혁자 츠빙글리

으로 옮겨가 2년간(1496~1498년) 수학하는데, 이때 인문주의자 하인리히 뵐플린(Heinrich Wölfflin) 문하에서 공부했습니다. 그 후에는 비엔나로 옮겨 비엔나대학에서 고전어와 음악을 전공했다고 합니다. 1502년에는 다시 바젤로 돌아가 성 마틴대학에서 수학하고, 1506년에 문학석사 학위를 받았습니다. 또한 당시 바젤대학에는 유명한 인문주의자였던 토마스 비텐바흐(Thomas Wyttenbach, 1472~1526년)가 있었는데, 그에게서 인문주의의 영향을 깊게 받았습니다. 특히 이곳에서 에라스무스의 사상을 접하게 됩니다. 츠빙글리는 1506년 초부터 신학수업을 받아 그해 말 22세의 나이로 신부가 되었습니다. 츠빙글리는 인문주의 교육을 받은 박식

제3장 츠빙글리와 취리히에서의 개혁

한 인문주의자였기 때문에, 루터와 교회개혁의 기본 이념을 같이하면서도 자신의 고유한 사상을 발전시켰습니다. 비록 그의 뒤를 이은 칼빈에 의해 개혁파 신학이 보다 분명하고도 체계적으로 해설되지만, 츠빙글리가 개혁교회의 첫 개혁자였음에는 이의가 없습니다.

2) 목회활동

1506년에 신부가 된 츠빙글리는 글라루스(Glarus) 교구의 사제로 취임했습니다. 그는 이곳에서 10년간(1506~1516년) 사역하면서 두 차례 용병의 종군신부로도 부임했기 때문에, 누구보다 용병제도(傭兵制度)의 문제점과 폐해를 잘 알았습니다. 지금의 스위스는 관광산업으로 유명하지만, 당시에는 이웃 나라에 용병을 파견해서 운영되던 나라였습니다. 이에 츠빙글리는 왜 스위스인들이 로마나 프랑스를 위해 생명을 바쳐야 하느냐고 문제를 제기했고, 1515년부터는 용병을 반대하는 설교를 시작했습니다. 여기서부터 츠빙글리는 교회와 사회의 현실을 인식하기 시작했습니다.

1516년 4월부터 1518년까지 츠빙글리는 순례자의 중심지이자 마리아 숭배의 중심지로 알려진 아인지델른(Einsiedeln)의 수도원에서 사제로 일했습니다. 이곳에서 그는 공로사상과 선행에 의한 구원교리, 그리고 면죄부의 부당성을 보았습니다. 그래서 면죄부의 해악에 대해 설교하기 시작했습니다. 이런 이유로 츠빙글리의 종교개혁이 1516년에 시작되었다고 말하기도 합니다. 루터는 수도원에서 성경을 연구하는 가운데 현실교회의 문제점을 체험했다면, 츠빙글리는 현장에서 사제로 일하면서 현실교회의 문제점을 체험했다고 할 수 있습니다. 츠빙글리가 아인지델른에 있는 동안 독일에서는 루터의 95개조가 게재되었고, 교회개혁의 기운이 일고 있었습니다. 아마 츠빙글리도 루터의 95개조 사건과 그 발전과정을 알고 있었을 겁니다. 따라서 츠빙글리의 개혁운동은 루터와 거의 동시적으로, 그러면서 루터의 영향 가운데서 시작되었다고 할 수 있습니다.

1518년 10월 말에 츠빙글리는 보다 큰 영향력을 행사할 수 있는 취리히 대성당의 사제로 갈 수 있는 기회를 얻었습니다. 하지만 그에 관해 이성(異性) 문제가 제기되었고, 그 외에도 음악을 좋아해서 경박한 사람일 수 있다는 문제가 제기되었습니다. 사실 츠빙글리는 하프, 바이올린, 플루트, 코넷, 류트 등의 연주는 물론, 작곡도 할 수 있는 음악 애호가였습니다. 이에 츠빙글리는 다윗도 음악을 사랑했는데 어떻게 음악에 대한 관심과 능력이 목회자의 자질을 평가하는 기준이 될 수 있냐고 항변했고, 결국 그는 취리히 대성당의 주임사제로 청빙을 받아 1518년 12월 27일에 취리히로 갔습니다.

당시 취리히는 6천여 명의 인구로 무역과 제조업이 발달한 도시였습니다. 츠빙글리는 1519년 1월 1일부터 취리히 강단에서 마태복음 1장을 강해하기 시작했는데, 그리스어 성경본문을 해설하는 강해설교였습니다. 이는 기록된 원고를 낭독하는 당시의 관행과는 구별된 것이었습니다. 특히 그는 스위스 사람들이 이해할 수 있는 독일어로 설교했습니다. 사람들은 곧 츠빙글리의 뛰어난 설교에 매료되어 그를 존경하게 되었습니다. 그는 마태복음을 시작으로 복음서, 사도행전, 바울서신, 공동서신 순으로 설교해 1526년까지 7년간 신약성경 전권을 강해했습니다.

3) 츠빙글리의 개혁활동

츠빙글리의 설교로 취리히에는 많은 변화가 일어났습니다. 가난한 자를 구제하는 기금이 조성되었고, 과도한 사치가 금지되었으며, 도박이나 술에 취하는 것이 근절되었고, 퇴폐적인 무도나 매춘도 사라졌습니다. 츠빙글리는 또한 성상숭배를 비판하고, 의무적인 십일조 대신 자의적인 기부제의 도입을 제창했습니다. 1522년 4월에는 금식규정과 관련된 사건이 있었습니다. 그것은 아인지델른의 사제 레오 쥬드(Leo Jud)와 취리히교회 지도자들이 사순절 기간에 금식규정을 지키지 않고 소시지를 먹은 사건이었습니다. 당시에는 사순절 기간 동안 육류를 먹는 것이 금지되어 있었습니다. 이에 취리히를 관장하던 콘스탄츠 주교는 이들의 처벌을 요구했습니다. 하지만 츠빙글리는 하나님의 말씀은 음식 선택의 자유를 인정한다고 설교하면서 양심의 자유를 근거로 이들을 변호하는 글을 썼습니다. 이것이 교회개혁을 위한 츠빙글리의 첫 번째 저서인 『음식의 선택과 자유에 관하여』(*Concerning Freedom and Choice of Food*)입니다.

츠빙글리는 성직자의 독신제도도 비성경적이라고 비판했습니다. 그래서 1522년 7월에 츠빙글리는 10여 명의 동료사제들과 함께 취리히 의회와 콘스탄츠 주교에게 성직자의 결혼 허용을 정식으로 요청하기도 했습니다. 비록 청원은 거절되었지만, 츠빙글리는 안나 라인하르트(Anna Reinhart)와 비밀리에 결혼해 네 명의 자녀를 낳았습니다.

1522년에는 '처음과 끝'이라는 뜻의 『아르케델레스』(*Arch eteles*)라는 제목의 글을 발표했는데, 이 책은 『하나님의 말씀의 명확성과 확실성』(*The Clarity and Certainty of God's Word*)이라는 제목으로 번역되었습니다. 이 책에서 츠빙글리는 교황이 성경해석을 독점하는 것은 부당하며, 하나님의 말씀을 바르게 전달하고 이해하기 위해서는 오직 성경만이 필요하다고 주장했습니다. 그러면서 성경의 명료성과 확실성, 성경의 권위를 강조했습니다. 이 같은 성경중심사상은 모든 개혁자들의 공통된 사상이었습니다.

4) 교회개혁을 위한 토론회

츠빙글리의 교회 비판과 개혁운동은 콘스탄츠 주교는 물론 스위스의 다른 주들의 반발을 샀습니다. 이에 츠빙글리는 독일에서 루터가 행한 '라이프치히 논쟁'을 염두에 두고 이 문제를 공중 앞에서 공개적으로 토론하자고 요구했습니다. 취리히 시의회는 이를 수용해 공개토론회를 주선했습니다. 츠빙글리는 세 차례에 걸친 토론회를 통해서 개혁을 추진했습니다. 취리히의 시민들 또한 이 토론회를 통해 무엇이 참된 종교인지를 분별할 수 있었고, 당시 교회의 문제점과 폐습, 신학적인 오류들을 알 수 있게 되었습니다. 결국 시의회는 츠빙글리의 입장을 지지하게 되었고, 교회개혁운동 또한 결실을 맺게 되었습니다.

제1차 토론회는 1523년 1월 29일에 개최되었습니다. 이

날 취리히 인구의 약 10퍼센트인 600여 명이 참가해 대성황을 이뤘습니다. 로마교회는 콘스탄츠 주교를 대신해 파베르 박사(Dr. Faber)와 사제들이 참가했고, 츠빙글리측에서는 츠빙글리와 그의 동료 바디안(Joachim Vadian), 호프마이스터(Sebastian Hofmeister) 등이 참가했습니다. 이때 츠빙글리는 자신의 입장을 쉽게 요약한 '67개조'(Sixty-Seven Articles)를 제시했는데, 이는 루터의 95개조와 비교될 수 있었습니다. 서두의 15개의 조항에서는 성경적인 교리들을 제시했고, 나머지 52개의 조항에서는 로마교회의 교리들을 비판했습니다. 여기서 그는 성경만이 신앙과 생활의 유일한 규칙이요, 그리스도께서 유일한 중보자시라고 주장하면서, 로마교회의 미사제도, 교황제, 금식제도, 연옥설 등은 비성경적이라고 지적했습니다. 또 교황이 소유하고 있다는 대제사장적 직분, 기념이 아니라 희생으로서의 미사, 성자들의 중보를 요청하는 기도, 의무적인 금식, 성지순례, 구도(求道) 규칙, 성직자들의 독신제도, 파문의 오용, 면죄부 판매, 고행 및 연옥에 관한 교리, 사제제도 등 교회 내에서 행해지던 각종 인위적인 규칙들을 비판했습니다. 하지만 로마교회의 대표들은 이 같은 주장들의 오류를 증명하지 못했습니다. 결국 시의회는 츠빙글리의 설교를 인정했고, 나아가 성경에

기초한 설교만 하도록 명령했습니다.

제2차 토론회는 1523년 10월 26일에서 28일(3일간)에 개최되었는데, 이번에는 350명의 사제를 포함해 약 900명의 취리히 시민이 참가했습니다. 로마교회는 마르틴 슈타인리(Martin Steinli of Schaffhausen)와 콘라드 슈미트(Conrad Schmid)를 대표로 파견했습니다. 이 토론회에서 츠빙글리는 성상과 미사에 대해 비판했고, 시의회는 미사를 즉각 폐지하지는 않았지만, 성상을 교회에 가져오지 못하도록 조치했습니다. 2차 토론회가 끝난 후 츠빙글리는 『요약 기독교 개론』(*A Brief Christian Introduction*)이라는 책을 썼는데, 이는 성상의 사용에 대한 비판서로서 취리히의 성직자들을 깨우치기 위해 쓴 것으로 알려져 있습니다.

제3차 토론회는 1524년 1월 19일에서 20일 사이에(이틀간) 개최되었습니다. 엥겔하트(Engelhard), 레오 쥬드, 츠빙글리 등이 개신교의 대표들이었고, 로마교회의 대표는 루돌프 호프만(Rudolf Hofmann)이었습니다. 이들은 성상과 성상제도에 대해 장시간 토론했는데, 호프만은 교회의 전통이나 교부 문서, 중세 스콜라 신학자들의 문서, 교회법 등 성경 밖의 자료들을 제시했지만, 정작 성경적인 근거는 제시하지 못했습니다. 따라서 시의회는 츠빙글리의 성상폐지론에 따라 성상을 철거하게 되었습니다. 물론 아직 미사는 폐지하지 못했습니다.

5) 재세례파 '스위스형제단'의 출현

세 차례의 토론회에도 불구하고 교회개혁이 미진하게 진행되자, 츠빙글리의 개혁에 동참했던 일부 사람들은 불만을 표하며 보다 과격한 개혁을 주장했습니다. 대표적인 사람들로는 콘라드 그레벨(Conrad Grebel), 펠릭스 만츠(Felix Manz) 등이 있었습니다. 결국 이들은 츠빙글리와 결별했는데, 특히 유아세례는 성경적인 근거가 없다고 주장하면서 성인이 된 후 '신자의 세례'를 통해 자유교회를 설립해야 한다고 주장했기 때문에, 이들을 보통 재세례파(Anabaptist)라고 부릅니다.

재세례파운동은 여러 지역에서 일어난 복수운동으로 여러 유형이 있고 조금씩 상이하지만, 유아세례를 인정하지 않고 교회와 국가의 완전한 분리를 주장한다는 점에서는 일치합니다. 그래서 교회관, 국가관, 세례관 등이 개혁교회와는 매우 달랐습니다. 스위스 취리히에서 일어난 '스위스 형제단'이 재세례파의 연원이라고 할 수 있습니다.

6) 개혁의 진전

제3차 토론회가 끝난 뒤 5개월 후인 1524년 6월 15일에 시의회는 교회당의 모든 성상을 철거하도록 명했습니다. 그리고 이듬해인 1525년 1월에는 공식적으로 츠빙글리를 지지함으로써 스위스에서의 개혁운동을 크게 진전시켰습니다. 그리고 그해 4월 16일에 취리히에서 개혁교회 역사상 최초로 개신교식의 성찬예식이 거행되었습니다. 즉 성찬식이 최후의 만찬에 대한 기념이자 영적 교제의 의미로서 거행되었고, 또 오랫동안 분배되지 않던 포도주를 떡과 함께 분배했습니다. 오르간 사용도 금지되었습니다. 1525년 4월에는 드디어 미사가 폐지되었고, 사제들과 수도사들, 그리고 수녀들은 독신제도의 굴레를 벗고 결혼을 감행했습니다.

1525년에 츠빙글리는 여러 권의 소책자를 출판했는데, 『세례에 관하여』(On Baptism), 『재세례와 유아세례에 관하여』(On Rebaptism and Infant Baptism), 『세례에 관한 휴프마이어의 소책자에 답하여』(Answer to Hubmaier's Booklet on Baptism) 등이었습니다. 그 가운데서도 3월에 출판된 『참된 종교와 거짓된 종교에 관한 주석』(Commentary on the True and False Religion)이 가장 대표적인 책이었는데, 이는 프랑스의 국왕 프란시스 1세에게 헌정된 책으로서 기념과 상징의 의미가 있는 성찬식을 통해 신자들은 오직 믿음으로 그리스도께 나아간다는 츠빙글리의 해석이 명료하게 제시되어 있습니다. 츠빙글리의 개혁은 취리히와 인접한 바젤(Basel), 샤프하우젠(Schaffhausen), 베른(Bern) 등지로 확산되었습니다.

7) 종교적 갈등과 대립

스위스는 자치주들로 구성되어 있었기 때문에 어떤 주들은 츠빙글리를 지지하여 개혁을 단행한 반면, 어떤 주들은 계속 로마교회로 남아있었습니다. 주로 삼림지역에 속한 주들이 로마교회에 남아있기를 원했습니다. 이런 종교적 차이는 이미 존재하던 다른 갈등요인들과 어우러져 긴장이 고조되었고, 내란이 불가피하게 되었습니다. 먼저 1524년 4월에 취리히의 개혁운동에 종교적인 위협을 느낀 다섯 개의 삼림주, 곧 슈비츠, 우리, 운터발텐, 쭈크, 루체른 등이 로마교회의 신앙을 수호하기로 결의하면서 소위 베켄리이드(Beckenried) 동맹을 체결했습니다. 이들은 종교적 문제 외에도 취리히가 영향력을 확대해가는 것을 경계했습니다. 취리히에게 이들의 동맹은 중대한 위협이었습니다. 그래서 취리히를 비롯해 츠빙글리를 지지하던 콘스탄츠, 세인트 갈,

스트라스부르, 베른, 바젤, 샤프하우젠 등은 베켄리이드 동맹에 대항하기 위해 1529년에 '기독교 동맹'(Christian civic union)을 체결합니다.

군사 동맹이 체결되자, 취리히가 먼저 1529년 6월 8일에 로마교회를 지지하는 주들에게 선전 포고를 했습니다. 베른도 취리히를 지지해 동참했습니다. 다행히도 6월 26일에 화해가 이루어져 결전은 피했는데, 이때 체결된 조약이 '제1차 카펠평화조약'입니다. 이로써 로마교회를 지지하는 주에서도 종교개혁적인 설교를 할 수 있게 되었지만, 실제로 실행되지는 않았습니다. 평화는 일시적이었기 때문입니다. 얼마 지나지 않아 로마교회를 지지하던 주들이 황제 카를 5세의 후원 아래 군사력에서 우위를 확보하게 되었습니다. 이에 츠빙글리는 헤세의 영주 필립의 도움을 받아 독일의 루터파와 연합 전선을 구축하고자 했습니다. 이를 위해 개최한 회담이 앞에서 언급한 '마르부르크 회담'('성만찬 논쟁')이었습니다. 여기서 츠빙글리와 루터 측은 성찬관의 차이를 해소하지 못했고, 결국 회담은 결렬되었습니다.

결국 1531년 10월 11일에 로마교회를 지지하던 삼림주들이 약 8천 명의 군사를 동원해 취리히를 공격했습니다. 이것이 개신교와 로마교회 간에 일어난 최초의 종교전쟁이자,

스위스 내전을 촉발시킨 전쟁이었습니다. 취리히는 카펠에서 이들과 맞섰으나 역부족이었고, 츠빙글리는 이 전쟁에서 전사했습니다. 취리히 측의 전사자는 4백여 명에 달했습니다. 취리히가 패전하면서 전쟁은 11월 20일에 휴전되었습니다. 이때 체결된 조약이 '제2차 카펠평화조약'입니다. 이 조약으로 개신교는 더 이상의 영토를 확장하지 못하고 현 상태로 남아있어야 했습니다.

츠빙글리가 죽은 후 스위스의 개혁운동은 레오 쥬드(Leo Jud)와 불링거(Heinrich Bullinger, 1504~1575년)에게 계승되었습니다. 불링거는 츠빙글리의 후계자이자 사위였고, 츠빙글리의 전기를 쓴 첫 인물이기도 했습니다. 그는 제네바에서 일어난 칼빈의 개혁운동과 통합하여 '개혁파 교회'(Reformed church)를 세우는데, 이것이 루터파(Lutheran)와 더불어 양대 개혁교회가 되었습니다.

◈ 토론을 위한 질문 ◈

1) 츠빙글리는 어떤 방식으로 개혁을 추진했나요?

2) 재세례파 그룹이 츠빙글리와 결별하게 된 이유는 무엇이었나요?

3) 츠빙글리가 루터와 연합하여 하나의 교회를 조직하지 못하고 분리된 이유는 무엇인가요?

제4장

칼빈과 제네바에서의 종교개혁

흔히 칼빈은 루터, 츠빙글리와 함께 종교개혁의 3대 인물로 불리지만, 사실은 루터나 츠빙글리보다 한 세대 뒤의 인물이었습니다. 그래도 그는 이전 시대의 개혁정신을 근간으로 하면서도 나름대로의 독특한 사상을 발전시킨 신학자이자 교회개혁가였습니다. 비록 그가 스위스의 프랑스어 사용 지역이었던 제네바에서 기욤 파렐을 이어 개혁운동을 전개했지만, 그의 영향력은 유럽 전체에 미쳤고 제네바는 세계적인 개혁운동의 중심지가 되었습니다. 서구 역사에 미친 칼빈의 영향력에 대해 영국의 정치가이자 저술가였던 존 몰리(John Morley)는 "서양사상사에서 칼빈을 제외하는 것은 마치 한 눈을 감고 역사책을 읽는 것과 같다."라고 말하기도

했습니다.

루터는 오랜 번민과 정신적 고통을 거쳐 개신교의 구원교리인 칭의교리를 발견했기 때문에, 이신칭의(以信稱義) 교리가 항상 그의 신학을 압도했습니다. 하지만 한 세대 후배인 칼빈은 칭의론 중심의 신학에서 진일보한 성화론에 집중했습니다.

1) 개혁자 칼빈

칼빈(John Calvin)은 1509년 7월 10일에 프랑스 파리에서 동북쪽으로 60마일 떨어진 삐가르디(Picardy) 주의 누아용(Noyon)에서 제럴드 칼빈의 다섯 아들 중 둘째 아들로 태어났습니다. 그의 아버지는 누아용에 위치한 노틀담(Notre-Dame) 성당의 공증인이자 주교의 비서였는데, 후일 그 교구의 재무관이 됩니다. 그의 어머니 쟌느 르 프랑(Jeanne le Franc)은 폴란드 출신의 여성으로 여관업자의 딸이었다고 합니다. 그녀가 칼빈이 6세 때인 1515년에 페스트로 세상을 떠난 탓에, 칼빈의 어린 시절은 그리 행복하지는 않았던 것으로 보입니다. 칼빈은 형 샤를과 동생 앙투안과 마찬가지로 누아용에 있는 꼴레주 데 까페뜨(Collége des Capettes)라는 지방학교를 다녔고, 1523년 8월에는 대

[그림 6]
제네바의 개혁자 존 칼빈

학교육에 필요한 라틴어를 배우러 파리로 갔습니다. 거기서 그는 마르슈학교(College de la Marche)에 입학했는데, 그때가 열네 살이었습니다. 칼빈은 이 학교에서 인문주의 교육을 받았습니다. 특히 신부 출신인 꼬르디에(Mathurin Cordier, 1479~1564년)에게서 라틴어를 배웠습니다. 그리고 여기서 칼빈은 요아니스 칼비누스(Ioannis Calvinus)로 개명했는데, 이 이름이 프랑스어로 쟝 깔뱅(Jean Calvin)입니다.

1523년 말에는 몽테귀학교(College de Montaigu)로 옮겨 그리스어와 라틴어, 논리학, 그리고 교부들에 대해 공부했습니다. 유명한 인문주의자 에라스무스도 이 학교에서 배웠습니다. 이 무렵 칼빈의 아버지는 성직자들과 갈등을 겪는데, 나중에는 출교까지 당하게 됩니다. 이 때문에 칼빈의 아버지는 아들이 신부가 되기보다는 법률가가 되기를 원했습니다. 그래서 칼빈은 1527년 말에 법률을 공부하기 위해 오를레앙대학(the University of Orleans)으로 옮겼습니다. 이 학교에서 칼빈은 볼마르(Melchoir Wolmar, 1497~1560년)라는 유명한 교수를 만나 그에게서 그리스어를 배웁니다. 나중에 칼빈이 저명한 신학자가 된 것은 이와 같이 좋은 선생님들을 만났기 때문입니다. 1년이 지난 1529년 가을에 칼빈은 부르쥬대학(College de Bourges)으로 옮겨가는데, 이는 볼마르가 부르쥬대학으로 가게 되자 칼빈도 그를 따라 옮겨간 겁니다. 그런데 이 학교에서 저명한 법학자이자 인문주의자였던 이탈리아 사람 안드레아 알키아티(Andrea Aalciati)를 만났습니다.

칼빈의 아버지는 1531년 5월 26일에 사망했고, 1532년에 칼빈은 다시 오를레앙대학으로 돌아가 1년 정도를 지냅니다. 그 후에는 파리로 가서 이곳저곳을 전전한 뒤 포르테대학(College Fortet)에 정착했습니다. 이때 히브리어를 배운 것으로 알려집니다. 이상과 같은 칼빈의 지적 여정은 후일 그의 생애와 저술활동에 많은 영향을 줍니다. 한편 칼빈이 공부하는 기간에 프랑스에는 은밀히 개혁신앙이 소개되었고, 계속된 박해에도 점차 그 세력을 확산해갔습니다.

2) 전환점: 개혁자로의 길

칼빈은 1532년 4월 4일에 최초로 학문적인 책을 출판했는데, 로마의 철학자 세네카의 『관용론』(*De Clementia*)을 주석한 책이었습니다. 이 책은 그리 성공적이지 못했습니다. 어떤 기록에 따르면 단 1권만 판매되었다고 합니다. 그래서 그가 인문주의자가 아니라 종교개혁자의 길로 들어서게 되었다고도 말합니다. 여하튼 이 책을 출판한 뒤 18개월이 지난 1533년 11월 초에 칼빈의 생애에서 결정적인 전환점이 된 사건이 일어났습니다. 칼빈이 몽테귀학교에서부터 알고 지낸 니콜라스 콥(Nicholas Cop, 1501~1540년)이 1533년 11월 1일, 곧 '모든 성자의 날'(All Saints' day)에 고위 성직자들 앞에서 기독교적 철학과 마태복음 5장 3절에 근거한 복음과 율법에 대해 비판적인 연설을 했는데, 이것이 문제가 되어 로마교회로부터 소환을 당하게 된 겁니다. 칼빈은 이 연설문 작성에 도움을 주었기 때문에, 니콜라스 콥과 함께 체포되지 않으려면 파리를 떠나야 했습니다.

칼빈은 안전을 위해 1534년 초에 가명을 쓰고 앙굴렘에 있는 루이 뒤 띠예(Louis du Tillet)의 집에 은신했습니다

(이곳에서 『기독교 강요』를 구상했다고 합니다). 그리고 이 무렵 칼빈은 성직록(聖職祿)[4]을 포기했다고 합니다. 칼빈이 이를 포기했다는 말은 사제의 길을 포기했다는 의미이기도 합니다. 아마도 이런 여정에서 칼빈은 개신교 신앙을 갖게 된 것으로 보입니다. 이 무렵 프랑스는 종교적 갈등으로 혼란이 가중되고 있었습니다. 강력한 로마교회 신앙을 지키면서 당시 독일을 중심으로 전개되던 프로테스탄트(개신교) 신앙운동을 철저히 차단하려고 했으나, 교회개혁의 기운은 프랑스에서도 일어나고 있었습니다. 루터의 작품이 국경을 넘어 은밀히 회람되고 있었던 겁니다. 결국 1534년 10월 18일에 소위 '벽보 사건'이 발생했는데, 이는 로마교회의 화체설 교리를 반대하는 것이면서 동시에 개신교도들의 공개적인 저항이었습니다. 이에 프랑스 왕이었던 프랑소와 1세는 개신교도들을 탄압하기 시작했습니다. 칼빈은 탄압을 피해 파리를 떠나 스트라스부르를 거쳐 바젤로 갔습니다. 이때가 1535년 1월이었습니다.

3) 『기독교 강요』의 집필

칼빈은 1535년 1월에 바젤에 도착해 학문 연구에 진력했습니다. 그의 첫 신학 저술은 『싸이코파니치아』(*Psycho*

[그림 7]
칼빈의 대표적인 저술인 『기독교 강요』

pannychia)입니다. 비록 1542년에 출판되지만, 사실은 1534년에 저술한 책이었습니다. 이 책에서 칼빈은 사람이 죽은 후 부활 때까지 그의 영혼의 상태에 대해 설명하는데, 특히 죽은 후에 영혼은 잠을 잔다는 '영혼수면설'을 비판합니다. 이는 재세례파들의 주장이었는데, 따라서 칼빈의 첫 신학 저술은 재세례파를 비판한 것입니다.

바젤에 도착해 어느 정도 안정을 찾은 칼빈은, 비록 1년도 채 안되는 기간이었지만, 교회에 바른 신앙을 제시하기 위해 또 다른 책을 저술했습니다. 그것이 바로 1535년 8월에 탈고한 『기독교 강요』(*Christianae Religionis Institutio*)였습니다. 라틴어로 쓴 이 책은 기독교 신앙 전체를 요약한 것이라 할 수 있는데, 초판은 전체 6장 516쪽으로 구성되었습니다. 처음 4장에서는 율법과 신경(信經), 주기도문, 성례를 다루었는데, 이는 내용이나 형식에서 루터가 1529년에 썼던 '소요리문답서'(*Kleine Keatechismen*)를 모방한 것으로 보입니다. 남은 2장에서는 논쟁이 되는 주제였던 로마교회의 잘못된 성례관을 비판하고, 그리스도인의 자유를 개신교 입장에서 정리했습니다. 이 책은 개신교의 최고의 저술이자, 16세기 종교개혁 이래로 기독교회의 가장 중요한 신학 고전으로 인정받고 있습니다.

칼빈은 사실 현실적인 필요로 이 책을 집필했습니다. 즉 프랑스의 왕인 프랑소와 1세에게 헌정하는 것에서도 암시되듯이, 칼빈은 개신교 신앙을 간단하게 가르치려는 교육적인 의도와 함께, 박해받는 개신교의 입장을 변증하려는 목적으로 이 책을 썼던 겁니다. 다시 말해 이 책을 통해 개신교의 교리적 입장을 변호하는 한편 개신교도들은 급진적인 자들과는 다름을 보여줌으로써, 1534년 10월에 있었던 벽보사건 이후 박해를 받아온 프랑스의 개신교도들을 변호하려는 것이었습니다. 이 책은 1536년 3월에 바젤에서 출판되었는데, 당시 커다란 반향을 불러일으켰습니다. 이 책의 초판은

9개월 만에 매진되었고, 그 수요는 더욱 확대되었습니다. 초판을 증보한 제2판은 스트라스부르에서 1539년에 출판됐고, 이때부터 개정과 증보를 거쳐 1559년에 최종판이 나옵니다. 이것이 오늘날 우리에게 알려진 『기독교 강요』입니다. 칼빈이 생존했을 때도 이 책은 외국어로 번역되었는데, 1557년에 이탈리아어로, 1561년에 영어로 번역되었습니다. 우리말로 처음 번역된 것은 1964년인데, 이때는 전권이 번역되지 못했고, 전권이 처음 번역된 것은 1977년이었습니다. 그러나 이것도 영어 번역을 다시 번역한 중역이었습니다.

4) 파렐과 제네바

『기독교 강요』 출간 이후 칼빈은 신앙의 자유를 누릴 수 있는 스트라스부르로 가고자 했습니다. 그곳의 정책이 종교적으로 관용적이었기 때문에, 재세례파는 이곳을 '의의 피난처'라고도 불렀습니다. 칼빈은 거기서 편안히 연구에 몰두할 생각이었습니다. 그러나 당시에 일어난 합스부르크가와 발로이스 간의 전쟁(Hapsburg-valois wars, 1536~1538년) 때문에 칼빈은 바젤에서 스트라스부르로 직행할 수 없었습니다. 그래서 칼빈은 우선 제네바로 가서 그곳을 경유해 최종 목적지인 스트라스부르로 가려고 했습니다. 그런

[그림 8]
칼빈에 앞서
제네바의 개혁을 단행한 기욤 파렐

데 이것이 칼빈의 생애를 인도하시는 하나님의 특별한 섭리였습니다. 칼빈은 1536년 7월에 제네바에 도착했고, 이곳에서 며칠을 머문 뒤 스트라스부르로 떠날 생각이었습니다. 그런데 칼빈이 제네바에 왔다는 소식을 듣고 기욤 파렐(Guillaume Farel, 1489~1565년)이 찾아왔습니다. 그는 칼빈에게 제네바에 남아서 함께 개혁운동을 이끌자고 강권했습니다.

여기서 잠시 프랑스인 기욤 파렐에 대해 알아봅시다. 파렐은 프랑스에서 일어난 개혁운동의 선구자였던 르페브르(Jacques Lefevre d'Estaples, 1455~1536년)의 제자였습니다. 도피네의 가프(Gap)에서 태어난 파렐은 프랑스 인문주의자들의 모임이었던 모(Meaux, 프랑스 북부에 있는 도시 이름) 그룹의 일원이었습니다. 파렐은 1521년에 개신교 신앙을 받아들이고, 개혁운동을 전개하여 1530년에는 뇌사텔(Neuchâtel)을 개신교의 도시로 만들었습니다. 1532년부터 제네바에 와서 안토안느 프로망과 비에르 비레의 도움을 받으며 개혁운동을 전개했습니다. 그 결과 그해 10월에 제네바에 최초의 개신교 교회가 세워졌습니다. 파렐은 신학 토론을 통해 개혁신앙운동을 전개하다가, 1535년 8월에 성 삐에르 성당의 설교자가 되었습니다. 그는 계속해서 개신교 신앙을 전파했고, 드디어 1536년 5월 21일에 제네바 시민들로 구성된 총회에서 미사를 금지하고 개신교 신앙을 받아들이기로 결의하게 되었습니다. 그런데 그로부터 두달 후 칼빈이 제네바에 온 겁니다.

파렐은 목소리가 우렁차고 다혈질적인 인물로서 교회개혁을 단행하기에는 적합했으나, 개혁의 내실을 다지기에는 부족했습니다. 그때 마침 칼빈이 왔다는 소식을 듣고는 바로 그를 찾아간 겁니다. 그런데 칼빈이 학문연구에만 진력하겠다며 거듭해서 요청을 거절하자, 파렐은 격앙되어 "당신이 만일 이 절박한 도움을 거절한다면, 하나님의 저주가 있을 것입니다."라고 말했습니다. 그 순간 칼빈은 심한 충격을 받고, 그것을 하나님의 음성으로 듣게 되었습니다. 1557년에 쓴 시편 주석에서 칼빈은 이때를 회상하며 "마치 하나님의 강한 손이 나를 붙들기 위해 하늘로부터 내게 내려오신 것 같았다."라고 했습니다. 결국 칼빈은 제네바에 남았고, 1536년 8월 중순부터 제네바교회의 '성경강해자'라는 직함으로 제네바 개혁운동에 참여하게 됩니다. 제네바는 레만 호수를 끼고 있는 아름다운 도시인데, 1536년 당시 인구는 1만 명에서 1만 3천 명이었고, 윤리적 수준이 낮은 부류의 사람들이 살고 있어서 향락적 분위기가 도시 전체를 휩싸고 있었습니다.

5) 칼빈의 제1차 제네바 개혁기

제네바에 남게 된 칼빈은 1536년 7월부터 시의회에 의해 추방되는 1538년 4월까지 일하는데, 이 기간을 '제1차 제네바 개혁기'라고 합니다. 이 기간에 칼빈은 성 삐에르 성당에서 성경강해를 했는데, 로마서부터 시작했습니다. 이 일에서 칼빈은 두각을 나타냈으며, 파렐과 함께 이 도시에 명실상부한 개혁교회를 설립하는 데 몰두했습니다. 그리고 이를 위해 세 개의 문서를 만들었는데, 첫 문서가 1537년 1월 16일에 제네바 시의회에 제출한 「제네바 교회의 조직과 예배에 관한 조례」(Articles on the Organization of the church and its worship at Geneva)였습니다. 이 문서의 내용은 크게 두 가지인데, 매 주일 예배 때마다 성찬식을 시행해야 한다는 것과, 엄격한 권징을 시행해야 한다는 것이었습니다. 이는 칼빈신학의 중요한 주제이기도 한 '성화의 삶'을 위한 것이기도 했습니다. 두 번째 문서는 1536년 11월 10일에 시의회에 제출한 「신앙고백서」(Confession of the Faith)입니다. 21개 항으로 구성되어 '21개 신조'라고도 부르는 이 문서는 로마교회와 재세례파의 위험을 예견하면서, 개혁신앙은 이들과 다르다는 점을 나타내기 위해 작성되었습니다. 하지만 제네바 시민들에게 이 문서에 서명하도록 강요한 것이 반발을 불러일으키기도 했습니다. 세 번째 문서는 청소년들을 교육하기 위한 「제네바신앙문답서」(Genevan Catechism)였습니다.

칼빈은 이런 문서를 중심으로 개혁을 추진하는 중에 특히 권징의 문제로 제네바 시의회와 대립하게 되었습니다. 그는 권징, 특히 출교권은 교회의 고유권한이라고 주장했지만, 시의회는 취리히의 모범을 따라 시의회의 권한이라고 주장했습니다. 결국 시의회는 1538년 1월에 칼빈과 파렐의 출교권을 박탈한 데 이어, 1538년 4월 23일에 칼빈과 파렐를 제네바에서 추방했습니다. 이는 칼빈이 제네바에 온 지 꼭 22개월 만의 일이었습니다.

제네바를 떠난 칼빈과 파렐은 일단 바젤로 갔습니다만, 파렐은 곧 뉴샤텔로 가 그곳의 교회에서 봉사했습니다. 칼빈은 바젤에 남아 있으려고 했지만, 스트라스부르의 부써(Martin Bucer)로부터 두 차례의 초청을 받고 그곳으로 가게 되었습니다.

6) 스트라스부르에서의 칼빈

칼빈이 스트라스부르에 도착했을 때는 1538년 9월이었습니다. 이때부터 1541년 8월까지 만 3년간 칼빈은 스트라스부르에 머물렀습니다. 이 기간에 칼빈은 부써나 카피토와 같은 개혁자들과 접촉하면서, 교회관, 예배관, 성례관 등에서 영향을 받게 됩니다. 스트라스부르에서 칼빈의 활동을 몇 가지로 나누면 다음과 같습니다.

먼저 그는 프랑스 피난민들을 위한 목회자로 일했습니다. 400명에서 500명으로 구성된 교회에서 처음으로 설교한 날이 9월 8일이었습니다. 개신교의 자유를 찾아온 프랑스인 공동체를 칼빈은 '작은 프랑스 교회'라고 불렀는데, 이들이 성 니콜라스(St. Nicholas) 성당에서 회집했기 때문에

'성 니콜라스 교회'라고 불리기도 했습니다. 칼빈은 정기적인 설교와 성경강해 외에도 예배의식을 확립하기 위해 노력했는데, 주로 부써의 예배의식을 따랐습니다. 이것이 후일 개혁교회 예배의 모형이 됩니다. 교회음악에서는 시편송을 강조했습니다. 그래서 1539년에는 '시편찬송'(Psalmody)을 프랑스어로 출판하기도 했습니다.

둘째로 칼빈은 활발하게 저술활동을 했습니다. 이는 그의 계속된 연구결과이기도 했습니다. 우선 1536년에 출판했던 『기독교 강요』를 증보하여 제2판을 출판했는데, 초판에 비해 세 배 정도가 증보되었습니다. 또한 성경주석을 집필하기 시작했는데, 첫 번째 주석이 로마서였습니다. 이것은 1540년에 출판되었습니다. 성경주석을 쓰는 일은 그의 생애 동안 계속되었는데, 요한계시록을 제외하고는 모든 성경을 주석했습니다. 그가 쓴 마지막 주석이 여호수아였습니다. 이 밖에도 『사톨레토에 대한 답변』(Reply to Satoleto)을 써서 교회개혁의 의의와 목적, 필요성에 대해 진술했고, 『기도서』(Form of Prayers, 1540년)와 『우리 주님의 성만찬에 관한 소고』(Little Treatise on the Holy Supper of Our Lord, 1541년) 등도 집필했습니다.

셋째로 칼빈은 다른 개혁자들과 교제했습니다. 특히 부

써와 교제함으로써 예배와 교회론에 대해 영향을 많이 받았고, 카피토와도 깊이 교제하면서 영향을 주고받았습니다. 또 스트라스부르를 대표해 프랑크푸르트(Frankfurt, 1539년), 하게나우(Hagenau, 1540년), 보름스(Worms, 1540~1541년), 레겐스부르크(Regensburg, 1541년) 등의 종교 토론회에도 참여해 여러 개혁자들과 교제하며, 자신과 그들 간의 신학적인 일치와 차이를 확인할 수 있었습니다. 1539년 2월에 부써는 로마교회 대표들을 만나러 갈 때 칼빈을 데리고 갔는데, 거기서 칼빈은 처음으로 멜랑흐톤(Philip Melanchton)을 만났습니다. 칼빈의 신학적 깊이를 확인한 멜랑흐톤은 칼빈을 '그 신학자'(the theologian)라고 불렀다고 합니다.

넷째로 칼빈은 이곳에서 파렐의 주례로 결혼했습니다. 31세가 되던 1540년 8월 6일에 결혼했는데, 그의 아내는 라에쥬(Liege)의 쟝 스또르데(Jean Stordeur)의 미망인이었던 이들레뜨 드 뷔르(Idelette de Bure)였습니다. 부인은 재세례파 교도였으나, 칼빈의 인도로 개혁교회로 돌아왔습니다. 그녀는 남편을 페스트로 잃고 두 남매를 키우고 있었습니다. 칼빈의 결혼생활은 그의 건강 문제 외에는 행복했다고 합니다. 1542년 7월 28일에 아들이 출생했으나, 조산아였고 곧 사망했습니다. 그런데 불행하게도 부인마저도 건강이 좋지 않아 결혼한 지 9년 만인 1549년 3월 29일에 사망하고 맙니다. 1549년 4월 7일과 10일에 칼빈은 비레와 파렐에게 각각 편지를 보내 자기 아내가 세상을 떠났다고 했는데, 이 편지에 아내와 사별한 그의 아픔이 그대로 나타나 있습니다. 칼빈은 아내와 사별한 후 재혼하지 않고 평생을 독신으로 지냈습니다. 칼빈을 비난하기 위한 로마교회의 기록에서는 칼빈의 아내가 답답함과 지루함을 견디지 못해 죽었다고 혹평하지만, 이는 모함임에 틀림없습니다. 스트라스부르에서 보낸 3년의 시간은 칼빈에게 매우 유익한 날들이었습니다. 이 기간에 그는 목회, 연구와 저술활동, 다른 개혁자들과의 교제, 그리고 결혼으로 더욱 원숙한 신학자가 되었습니다.

7) 칼빈의 제2차 제네바 개혁기

칼빈이 제네바를 떠난 3년간 제네바에는 혼란과 무질서가 팽배했고, 사회적으로 많은 문제가 야기되었습니다. 그러자 칼빈을 다시 제네바로 부르자는 목소리가 커졌고, 결국 1540년 9월 21일에 제네바 시의회는 공식적으로 칼빈에게 귀환을 요청했습니다. 하지만 칼빈은 몇 차례의 요청에도 제네바로 돌아가기를 주저했습니다. 그러다가 1541년 2월 말에 파렐이 편지로 "제네바의 돌들이 오라고 부르짖을 때까지 기다리겠느냐?"라고 질책하자, 이번에도 칼빈은 파렐의 권고를 하나님의 지시로 알고 제네바로 돌아가기로 결심했습니다. 제네바 시의회는 지난 1538년 4월 23일에 결의했던 칼빈과 파렐의 추방령을 1541년 5월 1일에 취소했고, 칼빈은 1541년 9월에 제네바로 돌아갔습니다. 이때부터 1564년에 하늘나라로 부름을 받기까지 23년간 일했는데, 이 기간을 '칼빈의 제2차 제네바 개혁기'라고 말합니다.

① 교회규정

제네바로 돌아온 칼빈은 1538년에 제네바를 떠날 때 했던 설교본문을 이어서 강해설교를 시작했고, 목회자로서의 역할도 재개했습니다. 그런데 제네바로 돌아온 칼빈에게 가장 시급한 과제는 제네바교회를 조직하고, 교회규정을 확립하며, 제네바를 영적·도덕적으로 개혁하는 일이었습니다. 그래서 칼빈은 제네바의 개혁운동에서 '자유, 질서, 치리'라는 세 가지에 유의하면서, 1541년 11월 20일에 교회헌법이라고 할 수 있는 「교회규정」(*Ecclesiastical Oreinances*)을 작성했습니다. 이것은 그가 스트라스부르에서 알게 된 독일에서의 개혁운동을 반성한 결과였습니다. 물론 제네바의 다른 목사들과 시의회의 협조를 받았는데, 시의회는 약간의 수정을 거친 후 1542년 1월 2일에 이 문서를 채택했습니다.

이 문서에서는 신약성경의 원리에 따라 네 개의 직분, 곧 목사(Pastors), 교사(doctors), 장로(elders), 집사(deacons)를 두었습니다. 칼빈은 이 네 직분을 하나님께서 정하신 직분들(Jus Divinum)이라고 보았습니다. 즉 목사는 하나님의 말씀을 설교하고 성례를 집행하며, 교사는 자격 있는 목사를 양성하고 신앙교육을 하며, 장로는 시민의 생활을 감독하고 그릇된 행동을 사랑으로 징계하여 바른 길로 인도하며, 집사는 가난한 사람들을 돌보고 병원을 운영하도록 했습니다. 이와 같은 네 개의 직분을 통해 제네바교회는 물론 제네바시를 개혁하고 질서와 훈련을 감당하도록 했습니다. 칼빈은 국가 또는 정치의 독립성을 인정하면서도 이를 교회와 긴밀한 관계 아래 두었습니다. 즉 제네바시를 하나의 교회적 구조로 이해했던 겁니다.

② 감독회

칼빈은 교회헌법과 새롭게 손질한 시민법에 따라 제네바시의 질서를 유지하고 시민들의 생활을 감독·정화하기 위해 목사와 장로로 구성된 감독회(Consistory)를 만들었는데, 이것을 '종교법원' 혹은 '치리법원'이라고 합니다. 이 기구가 오늘날의 당회에 해당합니다. 감독회는 열두 명의 목사와 열두 명의 장로들로 구성되었는데, 교회에 속한 치리(권징) 기관이었으므로 이곳에서의 권징은 수찬정지와 파문까지였습니다. 그 이상의 권징은 제네바시의 법에 따랐습니다. 기록에 따르면, 제네바시는 처음 5년간 56건의 사형과 78건의 추방을 선고했습니다. 이로써 제네바시의 도덕과 풍속이 향상되었고, 도박이 사라졌으며, 무도회는 금지되었고, 음행도 현저하게 줄어들었습니다. 물론 무작정 시민의 오락을 모두 금지할 수는 없어서 제네바시의 다섯 곳을 지정하여 그곳에서만 오락과 적당한 술을 마실 수 있도록 했습니다.

이와 같은 규제와 질서를 세우는 일이 쉬운 일은 아니었습니다. 이때에도 여전히 파문권이 교회의 치리회에 있는가 아니면 시의회에 있는가를 두고 시의회와 대립했는데, 당시 칼빈을 반대했던 사람은 칼빈의 제네바 복귀를 줄기차게 주장했던 시의회 의원 페랭(Ami Perrin)과 그 일파였습니다. 칼빈은 이들과의 대립을 비롯해 여러 가지 정치적인 문제로 제네바에서의 10년을 힘들게 보냈기에 에스텝(William Estep) 교수는 이를 '고투의 날들'이라고 불렀습니다.

③ 청소년 신앙교육서, 예배모범

칼빈의 「교회규정」에서 청소년 신앙교육과 관련된 규정은 칼빈에게도 매우 중요한 것이었습니다. 그래서 그는 1542년 문답형식으로 된 「신앙교육서」(Catechism)를 작성했습니다. 이는 이름 그대로 「교리문답서」였는데, 칼빈이 스트라스부르에서 목회할 때 사용했던 문서를 제네바의 형편에 맞게 수정·보완한 것이었습니다. 배열순서는 사도신경, 십계명, 주기도문, 성례 순이었습니다. 또 다른 한 가지 문서로 칼빈은 예배모범에 관한 것을 작성했는데, 그것이 「교회의 기도와 찬성의 혁신」이었습니다. 이 문서 역시 스트라스부르의 의식서를 수정한 것이었습니다. 이상의 세 가지 문서는 칼빈의 교회관과 예배관의 일면을 보여주는 것으로, 스트라스부르의 개혁자 부써의 영향이 지대했습니다.

④ 칼빈을 반대한 사람들

칼빈은 위대한 개혁자였지만 항상 칭송만 받은 것은 아닙니다. 많은 반대에 직면하기도 했습니다. 무엇보다도 신앙의 원리에 따라 살지 않는 이들을 치리(권징)하거나 수찬을 정지시키려 할 때 반발이 거셌습니다. 신학적으로도 칼빈을 대적하는 이들이 많았습니다. 이들을 크게 세 부류로 나눌 수 있는데, 첫째는 사사로운 개인감정에서나 정치적인 입장에서 반대하는 사람들이었고, 둘째는 자유방임파라 하는 리베르틴파들(Libertines, 자유사상가 또는 율법폐기론자들)이었고, 셋째는 칼빈과 신학적 입장을 달리하는 사람들이었습니다. 그런데 칼빈과 신학적 견해를 달리했던 사람들인 볼섹(Jerome Bolsec, ?~1584년), 카스텔리오(Scbastian Castellio, 1515~1563년), 세르베투스(Michael Servetus, 1511~1553년) 등이 대부분 리베르틴파였습니다. 이들은 예정과 선택, 삼위일체를 부정한 사람들이었습니다.

특히 스페인의 나바르 출신인 세르베투스는 신학과 법률, 의학에 비범한 재능이 있었는데, 1531년부터 삼위일체를 반대했고, 1553년에는 『기독교의 회복』(*Restitution of Christianity*)이라는 책을 출판해 콘스탄티누스 황제 이후의 기독교는 교회와 국가 간의 유착이었고, 따라서 삼위일체 교리를 확정했던 니케아 종교회의(325년) 역시 하나님의 뜻에 배치되는 것이라고 주장했습니다. 특히 그는 이 책에서 칼빈의 『기독교 강요』를 공격하면서, 삼위일체론은 '대가리가 셋인 지옥의 개'와 같은 것이라고 악담하기도 했습니다. 그는 후에 제네바에서 재판을 받고 1553년 10월 26일에 화형을 당했는데, 이 일로 칼빈은 크게 비난을 받았습니다. 칼빈은 자신의 판단이 정당했음을 알리기 위해 처형이 집행된 이듬해인 1554년 2월에 『성삼위일체의 정통 교리에 대한 변호』(The Defense of the Orthodox faith in the Sacred Trinity)라는 책을 출판했습니다.

8) 제네바 아카데미의 설립, 후기의 날들

칼빈의 개혁활동에서 빼놓을 수 없는 중요한 일은 제네바 아카데미(Geneva Academy)라는 교육기관을 설립한 일입니다. 칼빈은 1559년 5월에 제네바 시의회의 허락을 받아 6월 5일에 이 학교를 정식으로 개교했는데, 당시 입학생은 162명이었습니다. 학장 겸 그리스어 교수로는 데오도르 베자(Theodore Beza, 1519~1605년)가 임명되었습니다. 학교를 설립하고 유럽 교회에 보낸 편지에서 칼빈은 "여러분은 통나무를 보내주십시오. 우리는 불붙는 장작을 만들어 돌려보내겠습니다."라고 썼습니다. 제네바 아카데미는 분명한 교육이념, 잘 짜인 교육목표, 우수한 교수진으로 유럽에서 명성을 얻었고, 곧 독일 루터파 신학의 중심지였던 비텐베르크대학을 능가하게 됩니다. 설립한 지 5년이 지났을 때는 약 300명의 학생이 등록했고, 이 아카데미의 부속기관이었던 신학예비과정에는 1천 명 이상이 있었습니다. 제네바 아카데미에서는 성경언어와 철학, 변증학, 신학 등을 가르쳤고, 아카데미의 예비과정에서는 고전어와 고전, 논리학 등 교양과정을 주로 가르쳤는데, 이곳에서 수많은 설교자와 교수, 교사들이 양성되어 유럽 전역에 개혁신앙을 보급하는 근원지가 되었습니다.

① 후기의 집필활동

칼빈은 생애 말기인 1550년대 말까지 휴식 없이 왕성하게 활동했습니다. 그는 정기적인 설교와 강의, 교수와 집필, 상담과 면담 등으로 늘 바빴습니다. 이는 모두 바른 교회를 세우기 위한 일념에 의한 것이었습니다. 현재 출판된 60여 권의 『칼빈전집』(Calvini Opera Omria)만 보더라도 그의 저술과 집필활동이 얼마나 방대하며 광범위했는지 짐작할 수 있습니다.

칼빈은 요한계시록을 제외하고 신구약 전권을 주석했는데, 이는 하나님의 말씀에 대한 그의 깊은 관심과 애정을 보여줍니다. 또한 23년간 『기독교 강요』를 수정·보완하는 작업을 계속하다가, 결국 1559년에 극도로 쇠약한 중에서도 사도신경의 구조를 따른 전체 4권 80장으로 된 『기독교 강요』의 결정판을 출판했습니다. 이런 칼빈의 개혁활동으로 제네바는 유럽의 대지(大地)에 개혁의 빛을 전파하는 '영적인 모국'이 될 수 있었습니다.

② 칼빈의 죽음

칼빈에게는 건강이 가장 힘겨운 도전자였습니다. 금식과 과중한 업무로 칼빈은 더욱 쇠약해졌고, 밤에도 충분한 수면을 취하지 못했습니다. 사람들은 병약했던 그를 '이동하는 종합병원'이라고 부르기도 했습니다. 주변 사람들로부터 휴식을 하도록 요청받을 때마다, 칼빈은 "당신은 주께서 나를 게으르다고 책망하시기를 원하는가?"라고 반문했습니다. 심지어 꼭 참석해야 하는 모임에는 들것에 실려서라도

[그림 9]
칼빈이 설교했던
성 삐에르 성당

참여했습니다. 칼빈이 비레(Viret)에게 보낸 편지에 따르면, 33세가 되던 1542년에 벌써 시력이 약화되고 있다는 언급이 있습니다. 말년에는 치질과 두통, 위장병이 심했고, 무엇보다도 폐가 좋지 않아 활동에 많은 제약이 있었습니다.

1564년부터는 칼빈의 건강이 더욱 악화되어 그해 2월 2일에 마지막 강의를 했고, 2월 6일에는 성 삐에르 성당에서 마지막 설교를 했습니다. 그리고 임종할 때까지 아픈 몸을 가누며 여호수아서 주석을 집필하는 데 마지막 정열을 쏟았습니다. 그리고 그해 4월 25일에 이 땅에서의 날이 길지 않음을 예견하면서 유언을 남겼고, 5월에는 오랜 개혁운동의 동료이자 그의 생애에 커다란 전환점을 가져온 파렐에게 편지를 썼습니다. 5월 2일로 표기된 이 편지가 칼빈의 마지막 편지였습니다. 이 편지에서 칼빈은 파렐에게 마지막 날들을 함께 보내자고 부탁했습니다. 결국 칼빈은 1564년 5월 27일에 55세의 나이로 베자의 품에서 하늘나라로 부름을 받았습니다. 그는 맑은 정신으로 임종을 맞았고, 시편 39편 9절("내가 잠잠하고 입을 열지 아니하옴은 주께서 이를 행하신 연고니라")을 암송했다고 합니다. 베자는 칼빈의 죽음에 대해 이렇게 썼습니다. "해가 지는 그날, 지상에서 하나님의 교회를 인도하던 가장 큰 빛이 하늘로 돌아가고 말았다." 그의 말처럼 칼빈은 참으로 하나님의 영광만을 위해 일했던 '하나님의 말씀의 사역자'였습니다.

◈ 토론을 위한 질문 ◈

1) 칼빈의 학교교육은 어떠했으며, 그는 누구에게서 영향을 받았나요?

2) 『기독교 강요』는 어떤 배경에서 기록되었고, 주된 내용은 무엇인가요?

3) 칼빈의 개혁활동에서 강조되었던 것은 무엇인가요?

제5장

낙스와 스코틀랜드에서의 교회개혁

 스코틀랜드에서의 교회개혁은 오늘날 세계장로교회의 원류가 되었다는 점에서 매우 중요합니다. 스코틀랜드의 개혁운동(장로교의 신앙운동)은 후일 미국과 캐나다, 호주, 뉴질랜드 등으로 전파되었고, 1880년대 이후에는 이들에 의해 한국에도 장로교회가 소개되었습니다. 이런 점에서 스코틀랜드 장로교회는 한국 장로교회의 원류라고 할 수 있습니다.

1) 개혁운동의 선구자들

 스코틀랜드에서의 종교개혁은 독일이나 스위스, 영국과 같은 유럽의 다른 나라들에 비해 시기적으로 후기에 해당합니다. 이는 스코틀랜드의 지리적 위치와 당시의 정치적 상황 때문이었습니다. 지리적으로 스코틀랜드는 잉글랜드 북쪽에 위치했는데, 잉글랜드로부터 빈번하게 침입을 받아 이들과 대항하기 위해서는 다른 나라로부터 도움을 받아야만 했습니다. 그래서 스코틀랜드는 전통적으로 프랑스와 우호관계를 유지했는데, 당시 프랑스는 유럽에서 대표적인 로마교회 국가였기 때문에 스코틀랜드도 오랫동안 로마교회를 따르고 있었습니다. 그런데 이런 스코틀랜드에도 점차 개신교 사상이 스며들기 시작했습니다. 대표적인 것이 위클리프의 추종자들인 롤라드파(Lollalrds)와 보헤미아의 후스파의 영향이었습니다. 이들은 혹독한 박해에도 불구하고 그 숫자가 계속 증가했고, 결국 1528년에 최초의 순교자가 생겼습니다. 그가 패트릭 해밀턴(Patrick Hamilton, 1504~1528년)입니다. 그는 세인트앤드류스대학교의 교수였는데, 악명 높던 세인트앤드류스의 대주교 제임스 비튼(James Beaton)에게 체포되어 1528년 2월 29일에 화형을 당했습니다. 그의 나이 24세였습니다.

이후로 종교개혁이 성취되기까지 30여 년간 약 20여 명의 개신교도들이 화형당하는데, 대표적인 인물이 조지 위샤트(George Wishart), 토마스 포렛트(Thomas Forret), 월터 밀른(Water Milne) 등입니다. 이 가운데서 조지 위샤트는 낙스(John Knox, 1515~1572년)에게 개혁신앙을 소개하고, 그로 하여금 스코틀랜드 전체를 예수님께 바치게 했던 인물입니다. 조지 위샤트가 영국에서 돌아와 관리들의 눈을 피해 성경을 강해하러 다닐 때, 낙스는 에딘버러(Edinburgh)에서 조금 떨어진 어느 시골 귀족의 집에서 가정교사로 일하고 있었습니다. 당시 낙스는 이미 성직자였는데, 위샤트가 낙스가 일하는 귀족의 집에서 예배드리고 성경을 강해하기 위해 방문했을 때 두 사람의 만남이 이뤄졌습니다.

2) 개혁자 존 낙스

존 낙스는 스코틀랜드의 개혁자이자 개신교 운동의 지도자요, 장로교의 초석을 놓은 인물입니다. 하지만 그의 초기 생애는 거의 알려지지 않았습니다. 데오도르 베자에 따르면, 낙스는 1512년에서 1515년쯤에 출생했습니다. 그는 1529년에 세인트앤드류스대학에 입학했지만, 졸업생 명단에는 그의 이름이 없습니다. 그가 로마교회의 성직자로서 서품을 받았을 때는 1536년쯤으로 추측됩니다. 그러나 낙스가 언제 개신교로 개종했는지에 대해서는 여전히 논쟁중입니다.

1540년대에 대륙의 개혁사상이 스코틀랜드 여러 지역에 소개되었습니다. 아마도 발트 해(Baltic Sea) 연안에서 상인들을 통해 북부로 유입되기 시작한 것으로 보이는데, 이는 곧 아버딘(Aberdeen), 퍼스(Perth), 던디(Dundee), 에딘버러(Edinburgh) 등으로 확산되었고, 1540년에는 개신교 찬송가가 '선하고 귀한 노래들'이라는 이름으로 비밀리에 출판되었습니다. 이 찬송가는 대부분 독일어에서 번역된 것으로, 이후 개혁사상의 전파에 큰 역할을 합니다.

세인트앤드류스는 개신교 신앙을 신봉하는 사람들과 애국주의자들의 집합소로서, 낙스는 1547년 4월 10일에 이곳에 왔습니다. 비록 자신은 원치 않았지만, 그는 이곳의 개신교 집단의 설교자로 부름을 받아 4개월간 설교자로 봉사합니다. 이후부터 그는 스코틀랜드 종교개혁의 가장 중요한

[그림 10]
스코틀랜드의 개혁자 존 낙스

대변자가 됩니다.

　세인트앤드류스가 개신교 운동의 거점이 되자 스코틀랜드 왕실은 위협을 느끼고 프랑스에 원병을 요청했습니다. 이에 프랑스는 1547년 7월 30일에 세인트앤드류스를 공격해 함락시킵니다. 이때 많은 개신교도들이 학살되고, 120여 명에 달하는 젊은이들이 체포되어 프랑스 전함의 노예로 끌려갔는데, 낙스도 그들 중 하나였습니다. 이때부터 낙스는 갤리선의 노예(the Galley Slave)로 19개월을 중노동에 시달렸습니다. 그러다가 1549년 초에 석방되어 스코틀랜드와 영국의 국경 근처인 버위크(Berwick)에 정착해 1553년까지 설교자로 활동했습니다.

　낙스는 메리가 영국의 여왕이 되자 위협을 느끼고 영국을 탈출하여 제네바로 갔고, 여기서 칼빈을 만나 많은 것을 배우게 됩니다. 1555년 가을에 그는 스코틀랜드에 비밀리에 입국해 그곳의 정치적 상황을 살피는 한편, 마조리(Miss Marjorie Bowes)와 결혼합니다. 이때 낙스는 40세가 넘은 반면, 마조리는 20세 전후였습니다. 그러나 불행히도 결혼한 지 5년이 지난 1560년에 마조리가 세상을 떠나고 맙니다. 한편 낙스가 스코틀랜드에 있는 동안 제네바에 있던 영국 피난민 교회가 그를 목사로 청빙했습니다. 이에 낙스는 1556

년 9월에 제네바로 돌아와 그해 12월에 목사로 취임했고, 이후 1559년 1월에 스코틀랜드로 돌아가기까지 사역했습니다.

3) 개혁운동의 전개

낙스가 제네바에 머무는 동안 스코틀랜드에서는 개혁의 때가 무르익고 있었습니다. 개신교 운동은 계속된 탄압 가운데서도 1555년부터 세인트앤드류스, 스털링(Sterling), 던디(Dundee), 에딘버러, 퍼스(Perth) 등에 비밀교회(privy kirk)를 조직하며 급속히 성장했습니다. 1555년부터 1556년에 스코틀랜드를 방문했던 낙스는 스코틀랜드에서 최초로 개혁교회 방식으로 성찬식을 거행하기도 했습니다. 그러던 중 개신교회 연합세력인 소위 '종교개혁 추진동맹'(Lords of Congregation)이 결성되었고, 이들은 1557년 3월 10일에 낙스에게 스코틀랜드로 돌아올 것을 촉구했습니다. 결국 낙스는 망명생활을 정리하고 1559년 5월 2일에 아내와 두 아들을 데리고 스코틀랜드로 돌아갔습니다.

낙스는 열정적으로 개신교 신앙을 독려하며 개혁운동을 전개했습니다. 그의 재능과 목소리, 용모, 강직한 성품, 신앙적 인격은 그의 설교를 더욱 능력 있게 했고, 로마교회에 대한 효과적인 공격은 청중들을 압도했습니다. 영국의 여왕

엘리자베스의 사신인 토마스 랜돌프(Thomas Randolph)는 낙스의 음성이 '5백 개의 나팔보다 더 효과적으로 그들 속에 생명을 불어넣을 수 있다'고 보고했을 정도였습니다.

낙스는 1560년 4월부터 에딘버러의 성 가일(St. Giles) 교회의 설교자로 봉사하면서 학개서 강해를 시작했습니다. 이를 통해 그는 스코틀랜드교회의 재건을 고취하고 교회개혁운동을 격려했습니다. 결국 1560년 8월에 스코틀랜드 의회는 공식적으로 라틴어 미사를 금지하고, 감독제를 거부했으며, 로마교회의 모든 집회를 불법화하고, 프랑스와 단절했습니다. 그리고 여섯 명의 존(John)으로 구성된 신앙고백준비위원회가 4일 만에 작성한 전체 25개항의 신앙고백서를 8월 17일에 채택했는데, 이것이 「스코틀랜드 신앙고백서」(*The Scot Confession*)입니다. 이 신앙고백서를 작성한 여섯 명의 존(John)은 존 낙스를 비롯해 존 윌록(John Willock), 존 윈람(John Winram), 존 더글라스(John Douglas), 존 스팟티스우드(John Spottiswoode), 그리고 존 로우(John Row)였습니다. 이 신앙고백서는 1647년에 「웨스트민스터 신앙고백서」가 채택되기 전까지 스코틀랜드 개혁교회의 신앙고백서였습니다.

4) 장로교 총회의 조직, 메리와의 대결

1561년 12월에 낙스는 다섯 명의 목사와 서른 여섯 명의 장로들과 함께 스코틀랜드교회 총회를 조직했는데, 이것이 세계장로교회의 연원이 됩니다. 이때 스코틀랜드교회는 교회정치제도로 장로(교회)제도를 채택했고, 교회 직원은 목사, 장로, 집사로 구성했습니다. 또 장로와 집사는 1년에 한 번씩 선거하도록 했습니다. 이로써 신학적으로는 개혁신학을 고수했으나, 교회정치는 장로제도를 채택한 최초의 교회가 된 겁니다.

이때 신앙고백서를 작성했던 위원회가 일종의 교회지침서라 할 수 있는 「치리서」(*The Book of Discipline*)도 작성했습니다. 이 문서에서는 개혁을 통해 이룬 새로운 교회의 청사진을 제시했습니다. 비록 스코틀랜드 의회에서 채택되지는 않았지만, 내용만큼은 많은 부분에서 그대로 실행되었습니다. 예를 들어, 세례와 성찬식의 단순한 시행, 주일 및 주중의 예배규정, 훈련된 목사가 부임하기 전까지 교구를 돌볼 임시직의 '독경사'(讀經師, Reader)[5] 임명, 목사의 청빙과 목사 및 독경사들의 활동을 감독하는 임시직의 '감독'(Superintendent)[6] 임명, 그리고 장로와 집사의 선택 등입니다. 이 치리서의 특징은 기독교교육을 위한 제안에 있는데, 곧 모든 교회는 라틴어 문법과 교리를 가르칠 교사를 두고 각 마을마다 고등교육기관을 세우도록 한 것입니다. 이런 교육정책으로 스코틀랜드는 유럽에서 문맹률이 가장 낮은 국가가 되었습니다. 1564년에는 「일반예식서」(*The Book of Common Order*)가 작성되어 표준 예배지침서로 사용되었습니다.

그런데 1561년 8월 19일에 메리 스튜어트(Mary Stuart, 1542~1587년) 여왕이 13년간의 프랑스 생활을 청산하고 스코틀랜드로 돌아오게 되었습니다. 그녀는 로마교회 신자로서 귀국 후 첫 일요일에 국법으로 금지한 미사를 드린 것은 물론, 계속해서 미사를 드리겠다고 고집했습니다. 이는 그동안의 교회개혁을 부정하는 일이자 교회개혁을 반대하는 로마교회 귀족들의 저항을 대변하는 것이었으므로 간단한 문제가 아니었습니다. 그래서 낙스는 성 가일교회 강단에서 메리 여왕의 미사를 '새 이세벨'의 '우상숭배'라고 비난했습니다. 그러나 메리 여왕은 곧 복잡한 치정관계로 국민들의 불신을 받고 폐위되었습니다.

5) 낙스의 죽음, 그 이후

낙스는 1559년 2월 스코틀랜드로 돌아온 이후 13년간 교회개혁을 위한 나팔수로서 역할을 감당한 후, 1572년 11월 24일에 하늘나라로 부름을 받습니다. 그는 평생 설교란 '주인(주님)의 나팔을 부는 것'으로 인식했는데, 그는 당대의 뛰어난 설교자이자 애국자요 개혁자였습니다. 그래서 앤드류 멜빌(Andrew Melville, 1545~1622년)은 그를 가리켜 '우리 민족의 가장 고귀한 예언자이자 사도'라고 했습니다. 제임스 6세의 섭정이었던 몰톤(Morton)도 낙스의 장례식에서 "여기 이 자리에는 그의 전 생애를 통해 인간의 얼굴을 두려워하지 않았던 한 사람이 누워 있다."라고 했다고 합니다. 그러나 낙스가 세상을 떠나자 스코틀랜드의 상황은 달라졌습니다. 몰톤은 '장로제'를 폐지하고 '감독제'를 스코틀랜드에 소개했습니다. 이렇게 교회개혁이 다시 위기를 맞게 되었을 때 앤드류 멜빌이 제네바에서 귀국했고, 그는 낙스의 후계자로서 스코틀랜드 장로교회를 위해 고투하게 됩니다.

◈ 토론을 위한 질문 ◈

1) 낙스는 누구의 영향으로 개혁신앙을 배우게 되었나요?

2) 「스코틀랜드 신앙고백서」란 어떤 문서인가요?

3) 낙스는 왜 스코틀랜드에서 개혁된 교회를 '장로교회'라고 명명했나요?

Re
form
ed

제6장
잉글랜드(영국)에서의 개혁

잉글랜드(영국)에서의 개혁은 독일과 스위스, 스코틀랜드에서의 개혁과 그 성격이 매우 달랐습니다. 루터나 츠빙글리, 칼빈은 순수하게 신학적 동기에서 출발해 복음에 대한 열정과 확신으로 반교황적 개신교 신학운동을 전개했지만, 잉글랜드에서의 개혁은 그 기원과 동기가 전혀 신학적이지 않았습니다. 오히려 정치적이었고 행정적이었습니다. 즉 잉글랜드의 왕이었던 헨리 8세(Henry Ⅷ, 1491~1547년)의 이혼문제에서 비롯된 잉글랜드 교회와 로마교회의 행정적인 단절에서 개혁이 시작된 겁니다. 따라서 유럽 대륙과 스코틀랜드에서의 개혁은 개혁자들에게 주도되었지만, 잉글랜드에서의 개혁은 국왕에게 주도되면서 국가의 보호 아래 이루어졌습니다. 이로써 잉글랜드는 '영국국교회'(Church of England), 곧 '성공회'(聖公會)라는 국가 혹은 민족교회를 형성하게 되었습니다.

이런 점에서 잉글랜드에서의 개혁을 '개혁'이라고 부르기에는 미흡한 점이 있었습니다. 그도 그럴 것이 로마교회와 행정적으로만 단절했기 때문에, 영국국교회는 위계제도나 전례와 의식, 신앙과 삶에서 모두 로마교회의 것을 그대로 유지했습니다. 그래서 지금까지도 영국국교회는 로마교회와 개신교의 중간 형태를 띠고 있습니다. 즉 로마교회로부터 떠났으면서도 여전히 그 전통을 지킴으로써, 개혁을 단행했으면서도 여전히 루터나 츠빙글리, 칼빈의 개혁과는 거리를 두는 부분들이 있는 겁니다.

1) 헨리 8세의 로마교회로부터의 분리

헨리 8세는 18세가 되던 해인 1509년 4월 22일에 왕위를 계승했습니다. 원래는 장자인 아서(Arthur)가 계승해야 했지만, 그가 10살 때인 1501년에 스페인의 페르디난드 왕과 이사벨라 여왕 사이에서 출생한 캐서린(Catherine of Aragon, 1485~1536년)과 결혼한 후 4개월 만에 사망하자 동생인 헨리가 왕위를 계승하게 된 겁니다. 캐서린은 과부로 남아 있을 수 없어서 죽은 남편의 동생인 헨리와 혼인하게 되었는데, 이를 정략적(외교적)인 혼인이라고 합니다.

헨리 8세는 비록 어렸지만, 정치적인 감각과 언어와 학문적인 소양, 신학적인 식견이 뛰어난 인물이었습니다. 뿐만 아니라 각종 운동에도 능했는데, 특히 사냥과 승마를 즐겼습니다. 그러나 그의 결혼생활은 행복하지 못했습니다. 그는 여섯 차례 결혼했는데, 첫 번째 아내인 캐서린은 딸 메리(Mary I, 1516~1558년)만 낳았습니다. 캐서린이 아들을 출산하지 못하자 헨리는 캐서린과 이혼하려고, 아니 형수였던 캐서린과의 결혼 자체를 무효화하려고 했습니다. 이를 이론적으로 뒷받침해준 사람이 토마스 크랜머(Thomas Cranmer, 1489~1556년)였습니다.

헨리 8세는 캐서린과 결혼한 지 18년이 지난 1527년에 그녀와의 결혼을 무효화해줄 것을 교황청에 요구했습니다. 하지만 캐서린은 당시 황제였던 카를 5세의 고모였기 때문에, 교황은 이를 들어줄 수 없었습니다. 이에 헨리 8세는 1530년쯤부터 로마교회와 결별하기 위해 다양한 반(反) 로마교회적 법안을 제정했습니다. 그리고는 1533년에 궁중의 여성이었던 앤 볼렌(Anne Boleyn, 1507~1536년)과 은밀히 결혼한 뒤, 로마교회와 단절하고 1536년 11월에 '수장령'(首長

슈)을 발표했습니다. 즉 잉글랜드의 왕이 잉글랜드교회의 유일한 수장임을 선언한 겁니다. 잉글랜드 의회 또한 국왕이 잉글랜드교회의 수장(Supreme head of the Church of England)임을 공식적으로 승인했습니다. 이렇게 해서 잉글랜드교회는 로마교회로부터 분리되었고, 이것이 잉글랜드에서의 개혁의 시작이 되었습니다.

참고로 이 당시 유토피아 사상가였던 토마스 모어(Thomas More, 1478~1535년)는 헨리 8세와 가까운 사이로 대법관까지 역임했지만, 왕의 이혼에 반대하고 수장령을 받아들이지 않았기 때문에 반역죄로 체포되어 1535년 7월 6일에 처형됩니다.

헨리 8세의 교회분립은 진정한 의미에서 교회개혁으로 보기 어렵습니다. 이는 단순히 잉글랜드교회가 로마교회에서 분립된 것일 뿐입니다. 헨리 8세는 1536년 7월에 「10개조」(Ten Articles)라는 신앙고백서를 발표했는데, 이는 루터주의 쪽으로 약간 기운 것이었습니다. 예를 들어, 성례에 대해 오직 세례와 성찬, 고해성사만을 언급하면서도 로마교회의 다른 네 가지 성례를 부정하지는 않았습니다. 또한 교회 내부에 있던 미신적인 관습의 남용을 경고하면서도 성상이나 성골숭배의 폐지를 주장하지는 않았습니다. 1539년에는 앞의 「10개조」를 수정하여 「6개 조항법」(*Act of Six articles*)을 가결했는데, 이 문서는 화체설을 지지할 뿐 아니라 성찬에서는 떡만 제공해야 한다고 주장했고, 성직자의 독신생활, 개인미사, 고해성사 등도 강조되었습니다. 즉 로마교회의 교리를 거의 수용한 겁니다. 헨리 8세는 1509년부터 38년간 통치하고 1547년에 사망했습니다. 그리고 그의 뒤를 이어 아들인 에드워드 6세가 왕위를 계승합니다.

2) 에드워드 6세 치하에서의 개혁

헨리 8세는 첫 번째 부인 캐서린에게서 메리, 두 번째 부인 볼렌에게서 엘리자베스(Elizabeth I, 1533~1603년), 세 번째 부인 시머(Jane Seymour)에게서 에드워드 6세(Edward VI, 1537~1553년)를 낳았습니다. 그런데 에드워드가 남자였기 때문에 헨리 8세를 이어 1547년에 왕이 되었습니다. 1537년 10월 12일에 태어난 에드워드는 9살에 왕위에 올라 1553년까지 6년간 재임했는데, 매우 진지하고도 조숙한 어린이였으며, 사려 깊은 분별력과 판단력의 소유자였습니다. 물론 외삼촌 서머싯(Edward Seymour) 공작과 더들리(John Dudley) 공작이 연이어 섭정을 하고 종교문제는 토마스 크랜머가 주도했지만, 그의 통치 기간 중에 많은 개

[그림 11]
영국에서 개혁이 추진될 당시의 영국왕 에드워드 6세

혁이 이루어졌기 때문에 개혁자들은 그를 '어린 요시아' 또는 '새로운 요시아'라고 불렀습니다. 그는 사실상 영국 역사상 최초의 개신교 군주였다고 할 수 있습니다. 그러나 어릴 때부터 병약했던 그는 16세에 사망했습니다.

이 시기의 개혁은 1539년에 작성된 「6개 조항법」을 폐지하는 일에서 시작되었습니다. 로마교회의 입장을 강하게 반영했던 이 법이 1547년에 폐지됨으로써 신자들에게 떡만이 아니라 잔도 허락되었고, 기부금을 낸 사람들을 위한 사적 미사가 폐지되었으며, 성직자의 결혼도 허락되었습니다. 이 같은 교회개혁을 반대하던 성직자들은 해임되었고, 그 자리에 개신교 신앙을 가진 인사들이 임명되었습니다.

그래서 개혁자 리들리(Nicholas Ridley)가 런던에, 커버데일(Miles Coverdale)이 엑서터(Exeter)에, 그리고 불링거의 친구였던 존 후퍼(John Hooper)가 1551년에 글로체스터(Gloucester)에 주교로 부임하게 됩니다.

이 시기에 진행되었던 또 다른 중요한 개혁은 예배의 개혁이었습니다. 1548년 3월 8일에 「성찬조례」(*Order of Communion*)를 발표함으로써 라틴어로 진행되던 미사에 영어 요소가 삽입되었고, 교회당 내부에 있던 성상도 철거되었습니다. 또 1549년에는 오늘의 예배모범이라고 할 수 있는 「공동 기도서」(*The Book of Common Prayer*)가 작성되었습니다. 이 기도서는 어느 정도의 개혁은 반영했지만, 로마교회 측의 불필요한 비난을 피하려고 조심스럽게 작성되었습니다. 특히 성만찬에서 츠빙글리나 제네바의 개혁자들의 입장을 수용하면서도, (화체설이라는 표현은 피했지만) 로마교회의 입장도 어느 정도 유지했습니다. 하지만 기도서가 영어로 작성되었다는 점에서 영국인들로서는 처음으로 그들의 말로 된 예배의식을 갖게 되었다고 할 수 있습니다. 이 기도서는 모든 교회에서 사용되도록 '통일령'(Act of Uniformity)으로 의무화되는 한편, 기도서에 대한 비판은 금지되었습니다.

노섬벌랜드 공작이라고 불린 존 더들리가 섭정하는 기간에도 토마스 크랜머가 잉글랜드의 교회개혁을 주도했는데, 이때의 개혁을 세 가지로 정리할 수 있습니다. 첫째는 성직자의 역할을 규정한 새로운 '성직 수임례'(Ordinal)를 제정한 겁니다. 즉 성직자는 희생제사를 집례하는 사제(司祭, Priest)가 아니라 하나님의 말씀의 종이며, 성례를 집행하는 자(Minister)라는 것이었습니다. 이는 로마교회의 사제주의로부터의 개혁이자 예배의 개혁이었습니다.

둘째는 「공동기도서」의 개정입니다. 공동기도서는 예배의식서인데, 1549년에 제정된 '제1기도서'에는 로마교회의 요소가 여전히 남아 있었습니다. 그러나 1552년에 제정된 '제2기도서'에서는 '미사'라는 단어가 삭제되었고, 성찬 용어들은 감사와 기념을 강조하는 용어들로 바뀌었고, 제단(祭壇)은 성찬대로 대치되었습니다. 또 죽은 자를 위한 기도도 폐지되었고, 중세의 예복도 폐지되는 등 매우 개신교적인 성격을 띠게 되었습니다. 셋째는 신앙고백서의 작성입니다. 1553년 6월에 작성된 「42개조」(Forty-two Articles)라는 새로운 신앙고백서는 개신교의 성격을 분명히 보여줍니다. 이는 크랜머를 비롯해 리들리와 낙스 같은 신학자들의 도움으로 작성되었기 때문입니다. 이 고백서에서는 성상과 성골숭배, 성자숭배, 면죄부, 연옥 등을 '하나님의 말씀에 위배되는 것'으로 규정했습니다. 또한 화체설과 성찬식에서 남은 것들에 대한 숭배, 영국국교회에 대한 교황의 재판권 등을 거부했습니다. 특히 예정론이 강조되었고, 성찬에 대한 칼빈의 견해가 반영되어 칼빈주의적 성격을 띠게 되었습니다. 만일 에드워드 6세가 10년만 더 살았다면, 영국의 역사가 달라졌을지도 모릅니다.

3) 메리 치하에서 로마교회로의 복귀

에드워드 6세 때 개혁이 크게 진전되었으나, 그가 사망한 후 이복 누나인 메리가 1553년 8월에 왕위를 계승했습니다. 메리는 헨리 8세의 첫 번째 부인인 캐서린의 딸로서 로마교회 신도였습니다. 그는 5년간(1553~1558년) 통치하면서 로마교회로의 복귀를 추진했습니다. 그래서 교황에 대한 충성을 다시 서약했고, 교황의 사절을 받아들이며, 이복동생인 에드워드 6세 치세 때 제정된 모든 개혁입법을 폐기했습니다. 성자(聖者)들을 위한 축일도 부활되었고, 결혼한 성직자들은 아내를 버리도록 요구받았습니다. 이런 조치들은 모두 로마교회로의 복귀 운동이었습니다. 그리하여 교회는 수장령을 발표하기 이전으로 복귀했습니다.

예견된 일이었지만, 메리는 1555년 1월에는 반(反)이단 법률을 제정해 개혁자들을 탄압하기 시작했습니다. 성경번역자인 존 로저스(John Rogers)가 스미스필드(Smithfield)에서 화형을 당했는데, 그가 첫 희생자였습니다. 곧 이어 후퍼(Hooper), 페라(Ferra), 라티머(Latimer) 그리고 리들리(Ridley) 등이 화형대에서 죽음을 맞았습니다. 메리가 정말로 미워했던 토마스 크랜머는 목숨을 구하려고 로마교회와 개신교를 오가며 '인간적인, 너무나 인간적인' 유약한 모습을 보였지만, 결국 그도 화형대에서 처형되었습니다. 박해는 고위 성직자들에게만 있었던 것이 아닙니다. 수많은 일반 성도들도 순교했는데, 그중에는 다수의 여성들도 포함되었습니다. 1555년 2월부터 1558년 11월까지 276명에 이르는 사람들이 화형을 당했습니다. 그래서 메리 여왕을 '피의 메리'라고 부르는 겁니다.

이런 박해를 피해 팔백여 명이 넘는 사람들이 영국을 떠나 취리히와 바젤, 스트라스부르 등으로 망명했습니다. 메리 치하의 잉글랜드는 그들의 역사상 유례가 없는 암울한 시기요 순교로 점철된 시기였습니다. 이 당시의 희생자들의 행적이 유명한 개신교 작가인 존 폭스(John Fox, 1561~1587년)의 『순교자 열전』(*Book of Martyrs*)에 수록되어 있습니다. 이 책은 오랫동안 성경과 함께 개신교 신앙인들의 가장 소중한 책으로 각 가정마다 비치되어, 용기 있는 저항의 정신적 힘을 제공했습니다.

개신교를 모질게 탄압했던 메리 여왕은 1558년 11월 17일에 병상에서 쓸쓸히 죽음을 맞습니다. 이로써 잔인한 박해도 역사의 기록으로 남게 되었습니다. 메리 여왕의 죽음이 전해지자 사람들은 모닥불을 지펴서 그의 죽음을 경축했다고 합니다. 여기서 한 가지 재미있는 일화는, 메리의 그 극심한 탄압에 직접적으로 저항할 수 없었던 개신교도들은 개를 '메리'라고 부르기 시작했다는 겁니다. 그리고 이 경멸적인 개 이름이 신앙의 자유를 찾아 영국을 떠났던 순례자들을 통해 미국으로 전래되었고, 후일 선교사를 거쳐 우리에게 소개되었다고 합니다.

4) 엘리자베스의 중도정책과 영국국교회

1558년 11월 17일에 메리 여왕이 사망하자 아직 미혼이던 그의 이복동생 엘리자베스가 25세의 나이로 왕위를 계승했습니다. 그는 헨리 8세의 두 번째 부인인 앤 볼렌의 딸로서 개신교도였습니다. 엘리자베스 1세라 불리는 그는 이때부터 1603년 3월 24일까지 무려 44년간 영국을 통치했습니다. 그는 우선 평화와 안정이 필요하다고 보고, 교회와 국가를 위해 '중도의 길'(*via media*)을 추구했습니다. 즉 이복동생인 에드워드가 지나치게 개신교도였고, 이복언니 메리가 지나치게 로마교도였기 때문에 극단적인 대립을 초래되었다고 파악한 그는, 중용의 길을 추구함으로써 로마교회와 개신교 양측으로부터 모두 어느 정도의 지지를 획득할 수 있다고 보았습니다. 먼저 그는 국민감정을 고려해 자신을 '수장'(Supreme head)이라고 부르지 않고 '최고 통치자'(Supreme governer)라고 불렀습니다. 의회는 1559년 4월에 이를 승인했습니다.

엘리자베스는 메리 치하에서 제정된 친로마교회적인 법령들을 폐기하기 시작했습니다. 이는 영국국교회를 교황 휘하에 두고자 했던 메리의 종교정책에 대한 거부였습니다. 1559년 4월 27일에 의회는 에드워드 치하에서 작성된 개신교적인 기도서를 약간 수정한 새로운 '통일령'을 확정했습니다. 이 기도서는 로마교회의 반발을 무마시키면서 개신교의 입장도 수용하는 선에서 배려된 포용적인 성격을 지닌 것이었습니다. 말하자면 중도 정책에 맞추어 기도서를 수정한 겁니다.

또한 에드워드 6세 때 제정된 신앙고백서인 「42개조」

(*Forty two Articles*)를 개정하여 「39개조」(*Thirty-nine Articles*)를 작성했는데, 이는 영국국교회(성공회)의 기본 강령이 되어 오늘날에도 여전히 성공회의 교리적 지침이 되고 있습니다. 이 '39개조'에서는 지나치게 미묘한 사안들이나 극단적인 입장은 배제하고, 보다 원만한 노선을 추구했습니다. 로마교회의 입장은 노골적으로 거부되었으나, 서로 다른 개신교 입장에서는 반드시 어느 하나만을 고수하려고 하지 않았습니다. 그래서 이 「39개조」에서는 의식적으로 '중도의 길'(*via media*)을 추구하여 천주교나 극단적 프로테스탄트만 제외하면 다 포용할 수 있도록 한 겁니다. 이때부터 '중도의 길'은 오늘까지 영국국교회(성공회)의 뚜렷한 특징이 되었습니다. 결과적으로 볼 때, 영국에서 헨리 8세가 자신의 이혼 문제로 교황청과 행정적인 관계를 단절하고 독자적인 길을 추구해 오늘날의 영국국교회, 곧 성공회를 형성하게 된 겁니다.

◈ 토론을 위한 질문 ◈

1) 영국의 왕인 헨리 8세는 왜 교황청 혹은 로마교회와 결별 했나요?

2) 에드워드 6세와 메리, 엘리자베스의 종교정책을 비교해 보세요.

3) 영국국교회(성공회)가 '중도의 길'을 추구한 이유는 무엇 인가요?

나가면서

 이상에서 우리는 독일과 스위스, 스코틀랜드, 잉글랜드 등에서 일어난 개혁운동에 대해 루터, 츠빙글리, 칼빈, 낙스, 그리고 헨리 8세 이후의 잉글랜드 통치자들을 중심으로 살펴보았습니다. 지면이 제한되어 프랑스, 네덜란드 등에서 일어난 개혁운동과 재세례파 운동, 그리고 로마교회의 저항이나 도전에 대해서는 소개하지 못해 안타깝지만, 중요한 역사와 인물에 대해서는 충분히 소개했으므로 종교개혁사를 이해하는 데는 아무 문제가 없을 겁니다.

 16세기 종교개혁운동은 수많은 고난과 탄압 중에서도 성경적인 기독교 신앙과 제도를 회복하려는 노력이었고, 그 결과 오직 성경, 오직 믿음, 오직 은혜로 정리될 수 있는 성경관과 구원관, 은혜관, 교회관 등의 개신교 신학과 신앙을 확립하게 되었습니다. 말하자면, 바른 구원관과 성경적 삶의 방식을 깨닫게 된 겁니다. 종교개혁이라는 거대한 변혁 운동은 기독교회만이 아니라 가정과 사회의 전 영역에 영향을 주어 근대시민사회를 형성하는 데 크게 기여했으며, 심지어 호이까스(R. Hooykaas)의 지적처럼, 근대과학의 발전에도 중요한 역할을 했습니다.

종교개혁의 결과로 루터를 중심으로 독일에서 전개된 개혁운동은 루터파를 형성했고, 스위스에서 일어난 츠빙글리와 칼빈의 개혁운동은 개혁파로 발전했습니다. 루터와 츠빙글리가 거의 동시에 개혁운동을 전개했고, 그들 사이에 신학적인 차이도 거의 없었으나, 성찬관의 차이로 결별해 결국 루터파와 개혁파로 나뉘게 된 것은 애석한 일이 아닐 수 없습니다. 하지만 당시로서는 성찬관이 심각한 사안이었으므로 어쩔 수 없는 일이기도 했습니다. 스위스에서 일어난 개혁파 교회는 프랑스로 전파되어 '위그노'라고 불리면서 후일 프랑스개혁교회를 형성했고, 네덜란드로 전파된 개혁파 교회는 화란개혁교회를 형성했습니다. 또 이들의 후예가 미국으로 이주해 북미에 개혁교회를 형성하게 됩니다.

낙스를 중심으로 스코틀랜드에서 일어난 교회개혁은 장

로교회를 형성했습니다. 칼빈의 영향을 받은 낙스는 자기 조국에서 개혁을 단행한 후 이를 '개혁교회'로 명명할 수도 있었지만, 인접한 잉글랜드의 '감독제도'와 다른 제도의 교회인 것을 분명하게 드러내기 위해 장로제도를 채용한 교회, 곧 '장로교회'로 명명했습니다. 즉 신학은 개혁파 전통을 따르지만, 교회정치제도는 장로제를 지향한 겁니다. 후일 이들의 후예들이 미국과 캐나다, 호주, 뉴질랜드로 이주하여 그곳에 장로교회를 전파했고, 그 후예들이 한국에 장로교회를 소개했습니다. 이렇듯 성경의 기독교를 회복하기 원했던 종교개혁이 결과적으로 많은 교파를 형성하게 된 것은, 로마교회와 같이 교황만이 성경을 해석할 수 있는 것이 아니라 각자가 자유롭게 성경을 해석할 수 있다는 신학적인 견해에서 비롯되었다고 할 수 있습니다.

16세기 유럽에서 전개된 종교개혁의 역사를 통해 오늘날의 한국교회의 현실을 조망하고 한국교회가 나아갈 역사적인 교훈을 얻는다면, 종교개혁사를 공부하는 일은 매우 가치 있는 일이 될 겁니다. 역사는 사례를 가지고 가르치는 설교입니다. 이런 점에서 역사는, 위대한 역사가 필립 샤프(Philip Schaff)의 말처럼, "하나님의 말씀 다음으로 중요하고, …… 지혜의 풍요로운 기초이자, 확실한 안내자입니다."

주(註)

1) '탐욕,' '방종'이란 뜻의 Indulgence가 종교적인 용어로는 '면죄부'(免罪符)로 번역되지만, 사실 죄를 면해주는 것이 아니라 벌을 면해주는 의미이기 때문에 '사면부'(赦免符) 혹은 '면벌부'(免罰符)로 번역하는 것이 보다 타당합니다. 그러나 한국교회가 오랫동안 이 용어를 사용해 왔기 때문에 이 책에서도 '면죄부'로 칭했습니다.

2) 선제후(選帝侯, Princeps Elector)란 신성로마제국 황제를 선출하는 자격을 가진 사람을 의미하는데, 선거후(選擧侯)라고 부르기도 했습니다. 간단히 말해 신성로마제국의 선거인단이라 할 수 있습니다. 선제후는 위계상 신성로마제국의 봉건 제후들 가운데 왕 또는 황제 다음으로 지위가 높았습니다.

3) 로마교회로부터 독립하여 각 지역의 제후가 수장(首長)이 되거나 종교문제에 상당한 실권을 행사하는 교회구조, 곧 영방단위의 교회(Territorial Church).

4) 예비 사제들에게 교회가 지불하는 금전적인 보상 또는 장학금이라고 할 수 있다. 당시에는 주로 교회토지에서 생산되는 곡물을 주기도 했지만, 칼빈은 1521년 5월부터 아버지의 주선으로 한 교회의 보좌 사제 명부에 이름을 올리고 성직록을 받았던 것으로 보인다.

5) '독경사'란 평신도 중에서 신앙과 행실이 모범되는 사람을 선출해 예배시간에 성경을 읽게 한 사람을 의미하는데, 당시 훈련된 목사가 부족했기 때문에 취한 임시적인 조치였다.

6) 교회개혁이 이루어진 후 아직 교회들이 안정되지 못했기 때문에, 여러 지역을 순회하면서 교회를 살피고 지도하는 자가 필요해 임시직으로 '감독'을 두도록 했다.

더 읽을 만한 책들

김영재 지음, 『기독교 교회사』, 이레서원, 2004.

앨리스터 맥그라스 지음, 최재건 옮김, 『종교개혁사상』, CLC, 2006.

루이스 W. 스피츠 지음, 『종교개혁사』, CLC, 1997.

이상규 지음, 『교회개혁사』, 성광문화사, 1997(초판), 2011(5쇄).

황대우 지음, 『칼빈과 개혁주의』, 깔뱅, 2010.